www.ingramcontent.com/pod-product-compliance
Lightning Source LLC
LaVergne TN
LVHW010617070526
838199LV00063BA/5181
*9789358727357*

# رؤف خیر: فن اور فنکار

مرتبہ:

اعجاز عبید

© Taemeer Publications LLC

**Raoof Khair : Funn aur Funnkaar**

by: Aijaz Ubaid

Edition: April '2024

Publisher :

*Taemeer Publications LLC* (Michigan, USA / Hyderabad, India)

ISBN 978-93-5872-735-7

مرتب یا ناشر کی پیشگی اجازت کے بغیر اس کتاب کا کوئی بھی حصہ کسی بھی شکل میں بشمول ویب سائٹ پر اَپ لوڈنگ کے لیے استعمال نہ کیا جائے۔ نیز اس کتاب پر کسی بھی قسم کے تنازع کو نمٹانے کا اختیار صرف حیدرآباد (تلنگانہ) کی عدلیہ کو ہو گا۔

© تعمیر پبلی کیشنز

| | | |
|---|---|---|
| کتاب | : | **رؤف خیر : فن اور فنکار** |
| مرتب | : | **اعجاز عبید** |
| صنف | : | تحقیق و تنقید |
| ناشر | : | تعمیر پبلی کیشنز (حیدرآباد، انڈیا) |
| سالِ اشاعت | : | ۲۰۲۴ء |
| صفحات | : | ۶۰ |
| سرورق ڈیزائن | : | تعمیر ویب ڈیزائن |

## فہرست

(۱) سرچشمۂ دانش و سخن: رؤف خیر — خالد یوسف — 6

(۲) لالۂ طور اور قنطار (ایک جائزہ) — منظور الامین — 20

(۳) رؤف خیر بحیثیت مترجم اقبال — ڈاکٹر فخر عالم اعظمی — 27

(۴) رؤف خیر کی تنقید — اعجاز عبید — 37

## سرچشمۂ دانش و سخن: رؤف خیر

### خالد یوسف

تجھے خبر بھی ہے کیا کیا خیال آتا ہے
کہ جی ترے سخنِ ملتوی سے خوش نہ ہوا

یہ شعر ارضِ دکن کے خوش فکر شاعر رؤف خیر کا ہے اور انکے خوبصورت شعری مجموعے "سخن ملتوی" کے سرِ ورق کی زینت ہے۔ محبوب کے ہزار ناز و غمزے برداشت کرنے کے باوجود کوئی بھی سچا عاشق بشمول رؤف خیر اور ہم اسکے سخن ملتوی سے خوش نہیں ہو تا لیکن اس سخن ملتوی کی بات ہی کچھ اور ہے جس میں اک گلزار کیف و نشاط اور جہانِ معنی پنہاں ہے۔ انکے اشعار جہاں ایک طرف نغمہ و تغزل کا رس برسا رہے ہیں تو دوسری طرف علم و دانش کے بیش بہا موتی بھی بکھیرتے جاتے ہیں۔ ان کے ہاں تصوف اور رومان ہاتھ پکڑے ساتھ ساتھ چلتے نظر آتے ہیں مثلاً یہ اشعار:

ہم کسی اور کی صورت کے روادار نہیں
جتنے دروازے ہیں سب تیری طرف کھلتے ہیں

بے اثاثہ میں سہی تو تو اثاثہ ہے مرا
رات آنکھوں میں تجھے اپنی چھپا کر سو گیا

آتا نہیں یقین کہ وہ بدگمان ہیں
میرا خیال ہے کہ انھیں خط نہیں ملا

ان کے کلام میں جگہ جگہ پُرکار بندشوں اور قدرت کمال کی کارفرمائی نظر آتی ہے جیسے یہ شعر:

انھیں عجیب ساچسکا ہے لکھنے پڑھنے کا
تمام لوحِ بدن پر نظر سے لکھتے ہیں

ان کے فن کا دامن غمِ جاناں ہی نہیں بلکہ غمِ دوراں کو بھی اپنے حصار میں رکھتا ہے اور بین الاقوامی حالات وواقعات کے زیر اثر عصری حیثیت کے مظہر ایسے اشعار بھی ان کے ہاں وافر نظر آتے ہیں:

ہمارے حلق میں پھنستا رہا نوالۂ تر
ہماری آنکھ میں صومالیہ رہا پہروں
دلا دی قتل کے فتوے نے شہرت
دعا سلمان دے ایرانیوں کو پ

رؤف خیر کے افکار پر مذہب کی چھاپ بہت گہری ہے جس میں غالباً جناب مصلح الدین سعدی کی صحبت کا اثر ہے جنھیں انھوں نے "پیر خیر" کے لقب سے یاد کیا ہے اور جو جماعت اسلامی کے متاثرین میں سے تھے۔ اپنی کتاب "دکن کے رتن اور ارباب فن "میں رؤف خیر خود رقم طراز ہیں "سعدی بھائی نے کوئی کتاب بھلے ہی نہ چھوڑی ہو، میں ان کی کتاب ہوں"

رسول کریم ﷺ سے والہانہ عشق ہی نے ان سے واقعۂ طائف کی تصویر کشی کرتے ہوئے ایسی خوبصورت نظم (نعت) تخلیق کروائی جس کا مطلع ہے:

سنگ طائف کے بچوں کے ہاتھوں میں تھے آپ نے اُف نہ کی
پاؤں نعلین میں خون سے جم گئے آپ نے اُف نہ کی

یہ الگ بات ہے کہ رؤف خیر کا مذہب نفرت و فساد کا پرچار کرتے پھرتے روایتی ملا کا مذہب نہیں بلکہ اس میں فلسفیانہ افکار کی گہرائی، انسانیات کی اعلیٰ و ارفع اقدار پر یقین کامل اور ایک مرد مومن کی عظمت کردار کی جھلکیاں نظر آتی ہیں جو ان کے مندرجہ ذیل اشعار سے واضح ہے:

کردار سے بہتر کوئی ہتھیار نہیں ہے
مومن کو ضرورت ہی نہیں تیر و تبر کی

جو مرد حق ہو وہ اکثر شہید ہوتا ہے
حریف حق تو جہنم رسید ہوتا ہے

رؤف خیر بھلا تم سے کیسے خوش ہو گا
وہ مولوی جو کسی مولوی سے خوش نہ ہوا

بلوالو شیخ کو بھی پئے فاتحہ ضرور
کہنا کہ میکدے میں نیاز شراب ہے

ہم جیسے جیالے تو دکھا دیتے ہیں کر کے
پھرتے نہیں کرتے ہوئے تقریر ہمیشہ

اور یہاں ہمیں پاکستان کے انقلابی شاعر حبیب جالب مرحوم یاد آجاتے ہیں جنہوں نے کہا تھا:

بہت میں نے سنی ہے آپ کی تقریر مولانا
مگر بدلی نہیں اب تک مری تقدیر مولانا

رؤف خیر کی نظر میں زندگی لائق قدر و احترام اور عالم اسلام میں گمراہ ملاؤں کے بہکانے پر خود کش حملوں کے بڑھتے ہوئے رجحان اور انسانی جانوں کی ارزانی پر ان کا دل خون کے آنسو روتا ہے:

حیات کا مرتبہ شہادت سے بھی ہے اونچا
یہ ماننے میں کوئی تامل نہ باک کرنا
یہ کیسی دشمن سے دشمنی ہے کہ خود شکن ہو
ہے اک تماشہ ہلاک ہونا ہلاک کرنا

خود ہم نے بھی اِسی ضمن میں کہا تھا:

ہم تو خود ہی گامزن ہیں خود کشی کی راہ پر
وہ ہمارے قتل کے احکام صادر کیا کریں

مضطر مجاز نے رؤف خیر کو وہابی شاعر قرار دیا ہے شاید اس لئے کہ وہ دنیائے اسلام کے طول و عرض میں پھیلی ہوئی فضول رسومات بے ہنگم بدعتیں اور اوہام پرستی کہ مخالف ہیں۔ اگرچہ وہ اقبال کے مداح ہیں مگر وہ ان کی طرح سب کو خوش کرنے کے ہرگز قائل نہیں۔ بقول ان کے اقبال سے تو:

بدعتی اور خبیث بھی خوش تھے
ان سے اہل حدیث بھی خوش تھے

بدعت شکن اور اوہام شکن یہ اشعار دیکھئے:

شہ رگ سے بھی قریب ہے وہ اس کے باوجود
قائل رؤف خیر، وسیلے کے لوگ ہیں
جو خانقاہ کے قائل نہ بارگاہوں کے

قصیدے وہ تری چوکھٹ پہ سر سے لکھتے ہیں

جو پائے حق کا دین تو دین حنیف ہے

باطل پرست حاملِ دین ضعیف ہے

رؤف خیر کے کلام میں ایک گونہ فلسفیانہ قناعت پسندی، حق گوئی کے کڑے تیور اور ناصحانہ انداز بھی نظر آتا ہے جیسے:

جو بولنا ہے بہر حال بولتے ہیں مگر

علامتوں میں زمانے کے ڈر سے لکھتے ہیں

ہر بات مان لینے کی عادت خراب ہے

نا قابلِ قبول کو رد بھی کیا کرو

میں اپنی خاک نشینی میں مست اتنا ہوں

کہ تخت و تاج بھی جلتے ہیں بوریئے سے مرے

جال میں دنیا کے پھنستے ہیں کہیں اہل نظر

یہ طوائف گرچہ کوشاں ہے رجھانے کے لیے

کچھ ہاتھوں سے کچھ ماتھوں سے کالک نہیں جاتی

ہر چند کہ بازار میں صابن بھی بہت ہے

رؤف خیر کی اب تک آٹھ (۹) کتابیں منظر عام پر آچکی ہیں جن میں چار شعری مجموعے (۱) اقرا، (۲) ایلاف، (۳) شہداب (۴) سخن ملتوی کے علاوہ ایک تحقیقی مقالہ "حیدرآباد کی خانقاہیں" اور تنقیدی مضامین بہ عنوان "خطِ خیر"۔ اقبال کے ۱۶۳۔ فارسی قطعات "لالہ ءطور" کا منظوم اردو ترجمہ بنام "قنطار" اور تذکروں اور کوائف کی کتاب "دکن کے رتن اور ارباب فن" شامل ہے۔(اس کے علاوہ تنقیدی مضامین کا ایک اور

مجموعہ بچشم خیر کے نام سے چھپ چکا ہے )صبیحہ سلطانہ نے حیدر آباد یونیورسٹی سے ایم۔فل کے مقالے کے لیے ان کی سوانح حیات مرتب کی ہے جو ''متاع خیر'' کے نام سے شائع ہوئی ہے۔میدان ادب میں یہ کارہائے نمایاں رؤف خیر کو ہمیشہ زندہ رکھنے کے لیے کافی ہیں۔وہ خود بھی اس معاملے میں بے حد پر اعتماد ہیں اور تنقید نگاروں کی موشگافیوں کو چنداں خاطر میں نہیں لاتے۔اس ضمن میں ان کے یہ اشعار دیکھئے:

نمو کا جوش سلامت میں بے نشان نہیں
کمال یہ ہے کہ ہر خاک نم ہے میرے لیے
ہم شعر کہا کرتے ہیں وجدان کے بل پر
کچھ لوگوں کو زعم فعلاتن بھی بہت ہے
ہمارے قامتِ زیبا پہ حرف رکھتے ہیں
وہ جن کی عمر کٹی آئینے سے ڈرتے ہوئے
بلا سے چیخ بنو، حرف زیرِ لب نہ بنو
کوئی نشان تو چھوڑو کہیں گزرتے ہوئے

رؤف خیر شخصیت پرستی کو بت پرستی کے مترادف سمجھتے ہیں اور اندھی تقلید کے سخت مخالف ہیں۔ایک جگہ کہتے ہیں:

اسی لیے تو اطاعت نہ ہو سکی مجھ سے
بڑا سہی وہ مگر اُس کی بات چھوٹی تھی
(ہم نے بھی کہا تھا:
پوجا پہ شخصیات کی مائل نہیں ہوئے
ہم تو خدا کے بت کے بھی قائل نہیں ہوئے )

رؤف خیر نے ہجرت کو بھی کبھی پسندیدگی کی نظر سے نہیں دیکھا اور اسی لیے کبھی دشمن کو بھی ہجرت کا مشورہ نہیں دیا۔ یہ شعر دیکھئے:

مہاجرین سے انصار خوش نہیں ہوتے!
تو پھر کہاں کی یہ ہجرت، برا ہے بھارت کیا

ہماری بھی اگر بھارت سے پاکستان ہجرت کرنے سے پہلے ان سے ملاقات ہو جاتی تو ہم کبھی ہجرت کرنے کا نہ سوچتے۔ اگرچہ یہ ملاقات ممکن نہیں تھی۔ ایک تو اس لیے کہ ۱۹۴۹ء میں جب ہم نے پاکستان ہجرت کی تو ان کی عمر کوئی آٹھ ماہ ہو گی (یاد رہے ان کا یوم پیدائش ۵ نومبر ۱۹۴۸ء ہے یعنی اُن کا برج عقرب ہے جو علم نجوم میں عموماً تحقیق، سراغ رسانی، روحانیات یا پھر جنسیات کا برج سمجھا جاتا ہے کہ اس روز کوئی چار سو سال قبل ایک شخص گائی فاکس نے بارود کے ذریعے دھماکے سے پارلیمنٹ کو تباہ کرنے کی ناکام کوشش کی تھی۔) دوسرے یہ کہ اگر ہم دکن ان سے مشورہ کرنے چلے جاتے، وہاں ان کی نظر میں ''شمالئے'' ٹھیرتے جن کے بارے میں وہ اپنی یک مصرعی نظم میں پہلے ہی کہہ چکے ہیں:

بہت سرافراز ہو گئے تھے شمالئے سب دکن میں آکر

(یاد رہے کہ اس سے برسوں قبل بانی بدایونی نے کہا تھا:

فانی دکن میں آکے یہ عقدہ کھلا کہ ہم
ہندوستاں میں رہتے ہیں ہندوستاں سے دور)

رؤف خیر نے ہئیت شعری اور اصناف سخن میں کئی چونکا دینے والے تجربے کیے ہیں۔ یک مصرعی نظموں کے تو وہ خود موجد ہیں۔ غزلوں، پابند و آزاد نظموں، نعتوں،

منقبتوں اور حمدوں کے علاوہ انہوں نے بہت سی تکونیاں، سانیٹ، ہائیکو، ماہیے اور ترائیلے (آٹھ مصرعوں کی فرانسیسی صنفِ سخن) تخلیق کیے ہیں جو ان کی فکر کی گہرائی اور دانش و بینش کے مظہر ہیں اور ان میں ان کے نظریۂ زندگی، نظریۂ ادب اور سماجی شعور کی بھر پور عکاسی نظر آتی ہے۔ ان کی خوبصورت نظموں میں رکھشا بندھن، ٹیپو کی نذر، دینِ ضعیف، چلو سب خداؤں کو غرقاب کر دیں، صبح کاذب، دور درشن، میں اپنی آواز کھو رہا ہوں، بے اثاثہ، (والد مرحوم کی نذر)، چھاؤں (والدۂ مرحومہ کے نام) اور "ماں / باپ کی قبر پر" شامل ہیں:

تمھاری قبر پہ کتبہ نہیں تو کیا غم ہے
تمہارا نام رواں ہے مرے رگ و پے میں

انہوں نے اسلامی تاریخ سے معنی خیز تلمیحات اور استعاروں سے اپنی نظموں کو آراستہ کیا ہے۔ نعت نگاری میں وہ بے حد احتیاط کے قائل ہیں کہ بعض نعت نگار مدحِ رسول میں اس قدر غلو کر جاتے ہیں کہ بات کفر کی حدوں کو چھونے لگتی ہے۔

رؤف خیر نے غزل میں بھی تجربے کیے ہیں مگر وہ آزاد غزل کے مخالف ہیں۔ ان کے خیال میں ابھی آزاد نظم بھی اردو ادب میں اپنا صحیح مقام نہیں بنا سکی ہے تو غزل کے ساتھ یہ کھلواڑ جائز نہیں۔ غزل میں ان کا تجربہ مندرجہ ذیل اشعار میں دیکھا جا سکتا ہے جس میں تمام اشعار کے مصرع ہائے اولیٰ دوسرے اشعار کے اولین مصرعوں سے ہم قافیہ ہیں:

حرؤف ہیں تو بہت حرف مختصر ہی الگ
کہ وہ لکھا ہے جو لکھا ہوا نہیں دیکھا
ہے راستہ ہی الگ اپنا اور سفر ہی الگ

ہمیں کسی نے بھی بھٹکا ہوا نہیں دیکھا

اس طرز غزل کی پذیرائی ذرا مشکل ہی نظر آتی ہے کہ شعرا کی جدید نسل ہئیت میں نئی پابندیاں بھلا کیوں برداشت کرے گی جب کہ وہ موجودہ قیود سے بھی گریزاں ہے۔

اپنی روایتی شاعری کی مانند غیر روایتی شاعری میں بھی رؤف خیر نے دانش و حکمت کے موتی بکھیرے ہیں۔ اس ضمن میں ان کی تکونیاں خصوصیت سے اظہار رائے کی بے باکی اور ان کی علمی بصیرت کی دلیل ہیں۔ مثلاً اقبالیے حضرات کے بارے میں ان کا کہنا ہے:

جن کی پہچان کچھ نہیں تا حال

ان کی پہچان ہو گئے اقبال

ترقی پسندوں کے بارے میں ان کا کہنا ہے:

کھلا کہ ان کا جو فلسفہ تھا

شکم سے اُوپر نہ اُٹھ سکا تھا

جدیدیوں کے بارے میں وہ کہتے ہیں:

بس ایک پاسِ ادب نہیں تھا

وگرنہ جھولی میں ان کی سب تھا

انہوں نے اپنی تکونیوں میں کیلے اور کریلے تک کا دلچسپ مقابلہ کروایا ہے اور بطور مبصر بڑے پتے کی باتیں کی ہیں۔ مثلاً:

تم اگر چاہتے ہو شہرت ہو

ہر بڑے آدمی کو گالی دو

یک مصرعی نظم:

(۱) سکوں حضر میں ہے لذت مگر سفر میں ہے

(۲) ہر سند سے بڑی سفارش ہے

ہائیکو:

دانش نیچے رکھ / بینش اس سے بھی نیچے / خواہش پیچھے رکھ

قصہ گو کا نام / لمبے چھوڑے قصہ کا / اتنا سا انجام

ماہیے:

جھانسہ تھا بلا سودی / اصل ہی کھا بیٹھے / ایسے بھی تھے بیوپاری

رؤف خیر نے اپنے ابتدائی دور میں بچوں کے لیے بھی شاعری کی ہے اور ماہ نامہ "کھلونا" جیسے معیاری رسالے میں ان کی تخلیقات شائع ہوتی رہی ہیں۔ ان کی نظمیں "جب میں اسکول جانے لگتا ہوں" "اور" ہمالیہ" مہاراشٹرا اور آندھرا پردیش کے اسکولوں کے نصاب میں داخل ہیں۔ سبق آموز کہانیاں نقشی کٹورا، دھوکا، ٹیوشن اور مضامین "بستہ" اور محلے کا نل مختلف جریدوں میں شائع ہو چکے ہیں۔

رؤف خیر نے ترجمے کے میدان میں بھی کار ہائے نمایاں انجام دیے ہیں۔ علامہ اقبال کے ۱۶۳۔ فارسی قطعات کا جو "لالۂ طور" کے نام سے موسوم ہیں اردو میں اتنا خوب صورت ترجمہ کیا ہے کہ اصل کا دھوکا ہونے لگتا ہے جو ان کی فارسی زبان پر بھی مکمل دسترس کی دلیل ہے۔ اس کے علاوہ زبور عجم کی افتتاحیہ دعا اور نظم تنہائی کا منظوم اردو ترجمہ اور غلام علی آزاد بلگرامی کی چار فارسی غزلوں کا بھی دلکش منظوم اردو ترجمہ کیا

ہے۔ مشہور نو مسلم شاعرہ کملا ثریا کی انگریزی نظم ’’یا اللہ ‘‘کو بھی انہوں نے اردو کے منظوم قالب میں ڈھالا ہے۔

رؤف خیر تذکرہ، تنقید کے میدان کے بھی شہ سوار ہیں۔ میں نے سب سے پہلے ان کا کلام بریڈ فورڈ کے ہفت روزہ ’’راوی ‘‘میں پڑھا جو مجھے ایک تازہ وہ توانا لہجہ محسوس ہوا۔ اس کے بعد برِ صغیر اور برطانیہ کے مختلف ادبی جریدوں میں ان کی شعری اور نثری نگارشات پڑھتے رہنے کا سلسلہ تا حال جاری ہے اور طبیعت ہے کہ سیر ہونے کا نام ہی نہیں لیتی۔ نقد و نظر کے ضمن میں ان کی معرکۃ الآرا کتاب ’’دکن کے رتن اور ارباب فن ‘‘ ہے جس میں انہوں نے کھل کر اپنی پسند اور نہ پسند اور ادبی نظریات کا اظہار کیا ہے مگر اس احتیاط کے ساتھ کہ کسی آبگینے کو ٹھیس نہ پہنچے۔ اس کتاب انہوں نے جن اہل قلم اور اہل دانش کے حیات و فن پر روشنی ڈالی ہے ان میں خورشید احمد جامی، مخدوم محی الدین، شاذ تمکنت، سلیمان اریب، اقبال متین، ابن احمد تاب، مصلح الدین سعدی، سالار جنگ سوم، قلی قطب شاہ، میر غلام علی آزاد بلگرامی، محمد علی جوہر، حکیم منظور کشمیری، عرفان صدیقی، تاج بھوپالی، خواجہ میر درد، فضا ابن فیضی، محمد احمد سبز واری، بدیع الزماں، اقبال، رابندر ناتھ ٹیگور، راجہ رام موہن رائے اور سردار پٹیل شامل ہیں۔ کتاب کے آغاز ہی میں ادب سے اپنی سنجیدہ وابستگی کو واضح کرتے ہوئے وہ کہتے ہیں

’’ میں نے ادب سے متعہ نہیں کیا ہے بلکہ یہ میرا عشق اول ہے اور میرے حرم میں داخل ہے ‘‘۔

رؤف خیر غزل کو اردو کی ایک منفرد صنف سخن قرار دیتے ہیں اور کہتے ہیں

’’ محض نظم گوئی پر تکیہ کرنے والے شعراء تو وہ حنوط شدہ لاشیں ہیں جن کا مسالہ کچھ ہی دن میں دم دے جاتا ہے ‘‘

اس ضمن میں ان کا یہ شعر قابل غور ہے۔

مجروح کو غزل نے گلے سے لگالیا
نظموں کے پیچ اختر الایمان پھنس گئے

رؤف خیر ایک اچھے شاعر کے لیے بنیادی شعری جوہر کی موجودگی ضروری قرار دیتے ہیں کہتے ہیں ” نیاز فتح پوری زندگی بھر جوش و جگر کے خلاف لکھتے رہے لیکن خود ان کی طرح ایک شعر نہ کہہ سکے۔۔۔ تفنن طبع کے طور پر اختیار کردہ صنف سخن کبھی سرخ رو نہیں کرتی۔ جگر لہو کرنے ہی سے چہرے پر نور آتا ہے۔“

مولانا محمد علی جوہر کے ذکر میں ان کے ایک تجزیے سے مجھے اختلاف ہے وہ کہتے ہیں” مولانا محمد علی جوہر کے جذبات کو دھکا اس وقت لگا جب خود ترکی کمال اتاترک نے انگریزوں کی غلامی خوشی خوشی قبول کرتے ہوئے ترکی کو انگریزوں کے ہاتھ بیچ دیا“۔ میرے خیال میں کمال اتاترک نے ترکی کو کسی ہاتھ نہیں بیچا بلکہ اپنی جرات مردانہ سے اسے یورپ کی جارحانہ طاقتوں کی چیرہ دستیوں سے محفوظ رکھا اور ایک آزاد مملکت کی حیثیت سے اس کے وجود کو یقینی بنایا۔ البتہ اس ضمن میں محمد علی جوہر کی سیاسی دور اندیشی کئی سوالات کو جنم دیتی ہے۔ محمد احمد سبز واری کے تذکرے میں رؤف خیر نے حیدرآباد سے ان کے مراعات یافتہ ہونے کے باوجود شاکی رہنے کا ذکر کیا ہے اور کئی جگہ لفظ لکچررشپ استعمال کیا ہے اگرچہ صحیح انگریزی لفظ لکچرشپ Lectureship ہے۔ اس کے علاوہ وہ یہ بھی کہتے ہیں کہ ” میر عثمان علی خان نظام دکن کے دور میں بھی مرعوبیت کا یہ عالم تھا کہ ہر اعلی عہدے پر کسی نے کسی شمالیے Upian کا تقرر ہوتا تھا“۔ میرے خیال میں رؤف خیر جیسے وسیع النظر اور آفاقی سوچ رکھنے والے مرد مومن دانشور کو اس طرح تنگ نظری کے خارزاروں میں نہیں الجھنا چاہیے۔

فضا ابن فیضی کے تذکرے میں وہ کہتے ہیں کہ حمد و نعت کہنے والے پر مولوی کا لیبل چسپاں کر دیا جاتا ہے ”کیا حمد و نعت کہنا ترقی پسندی کی نفی ہے ؟ جب کہ ترقی پسند شعراء مرثیے اور نوحے کہتے رہے ہیں بلکہ اشعار میں بھی وہی کربلائی علائم برتنا فخر سمجھتے ہیں“۔ میرے خیال میں رؤف خیر کی یہ شکایت برحق ہے کہ محمد عربیؐ سے بڑا ترقی پسند کون ہو گا جس کا لایا ہوا نظام اپنے وقت کا سب سے زیادہ ترقی پسند فلسفہ تھا جہاں پہلی بار زمین پر بادشاہوں کے بجائے اللہ اور اس کے بعد محنت کش کسان کی حاکمیت تسلیم کی گئی اور خواتین کو باوقار حقوق سے نوازا گیا۔

رؤف خیر کے پسندیدہ شعراء میں خورشید احمد جامی، شکیب جلالی اور یگانہ کے علاوہ غالب، اقبال، فیض، جوش، بہادر شاہ ظفر اور ظفر اقبال شامل ہیں۔ وہ پر خلوص اور با مقصد شاعری کے علم بردار ہیں مگر پروپیگنڈہ فن کو صرف صحافت کے لیے موزوں گردانتے ہیں۔ ان کے خیال میں بہتر سماج کا خواب دیکھنے والا ہی بہتر ادب پیدا کر سکتا ہے اور میں ان کی اس رائے سے سو فیصد اتفاق کرتا ہوں۔ وہ ادب برائے ادب، جدیدیت، ترقی پسندی اور مابعد جدیدیت کی کسی تھیوری سے متاثر نہیں کہ ان کے خیال میں فن کا دامن ہاتھ سے نہیں جانے دینا چاہیے۔ (اس ضمن میں ہم نے کبھی کہا تھا

راہ فنکار میں بے سایہ نظریوں کا ہجوم
پیڑ یہ حال پرستوں کے اگائے ہوئے ہیں (خالد یوسف)

رؤف خیر اردو کے رسم الخط کی تبدیلی کے مخالف ہیں اور اردو کے مستقبل سے مایوس نہیں۔ وہ کہتے ہیں ”جب تک مذہب اسلام روئے زمین پر باقی ہے اردو بھی رہے گی“۔ اور میں ان کے ان خیالات سے متفق ہوں۔ ترقی پسندی سے رؤف خیر کا اجتناب البتہ میری سمجھ سے بالاتر ہے کیونکہ ایک طرف وہ ملائیت اور اوہام پرستی کے مخالف ہیں

اور ان کے افکار اسلامی فکر میں رچے بسے ہیں جس کی روشنی کے آگے تمام ترقی پسند فلسفے ماند نظر آتے ہیں۔ کہیں اقبال کے نطشے والا حال تو نہیں جس کے بارے میں انہوں نے کہا تھا اس کا دل مومن مگر دماغ کافر ہے۔ جب وہ اس ظلم و ستم اور رنج و آلام سے لبریز سماج کو بدلنے کی بات کرتے ہیں تو اپنے آپ ترقی پسند بن جاتے ہیں اور ان کا اسلام تو مزید نکھر کر سامنے آجاتا ہے کہ ہم نے کبھی کہا تھا۔

میری نظر میں داخل اسلام ہو گیا
جس کی زباں پہ حق و صداقت کی بات ہے (خالد یوسف)

رؤف خیر جیسے نابغۂ روز گار اور ہمہ جہتی فنکار اور دانشور کہیں صدیوں میں جا کر پیدا ہوتے ہیں انہوں نے جو کچھ بھی لکھا اپنی بھرپور توانائیوں اور بڑے خلوص سے لکھا اور ارض دکن ان پر جتنا بھی ناز کرے کم ہے۔ میری دعا ہے کہ وہ اسی طرح اپنے علم و فن کی روشنیاں بکھیرتے رہے اور گیسوئے اردو کی تابناکی میں اضافہ کرتے رہیں۔ آخر میں میں اپنا ایک شعر ضرور ان کی نذر کرنا چاہوں گا۔

جنگ محنت اور سرمایہ ہے جنگِ خیر و شر ::: خیر کا جو ساتھ دے خالد وہ سچا انقلاب

***

# لالۂ طور اور قنطار (ایک جائزہ)

## منظور الامین

اس وقت ہمارے دانشور شاعر رؤف خیر کا علاقہ اقبال کے مجموعۂ شعر ''پیام مشرق ''میں شامل ۱٦۳ فارسی قطعات پر مشتمل ''لالۂ طور''کا اردو منظوم ترجمہ ''قنطار''پیش نظر ہے۔

علامہ اقبال نے پیام مشرق کے دیباچے میں لکھا ہے پیام مشرق ''کی تصنیف کا محرک جرمن حکیم حیات''

گوئٹے کے اس دیوان کا عنوان ہے West Ostlicher Divan جرمن زبان کے اس عنوان کا پہلا لفظ ہے West یعنی مغرب اور تیسر الفظ ہے Divan مطلب دیوان اسطرح گوئٹے کا یہ مجموعۂ اشعار مغربی دیوان کہلایا۔ گوئٹے کے اس مغربی دیوان ہی کے جواب میں اقبال نے اپنا مجموعۂ کلام ''پیام مشرق''تحریر کیا جو گوئٹے کے دیوان کے تقریباً سو سال بعد عالم وجود میں آیا''پیام مشرق''کی پیشانی یا سرنامہ پر یہ آیت درج ہے۔

للہ المشرق والمغرب

جس کا مطلب واضح ہے کہ مشرق و مغرب کی حکمرانی کا حق صرف اس ذات واحد کا ہے یعنی اللہ سبحانہ و تعالیٰ کا۔

رؤف خیر کے منظوم ترجمے ''قنطار''کا جائزہ پیش کرنے سے پہلے علامہ اقبال کے

مجموعہ کلام ''پیام مشرق'' کے سر نامہ کے تناظر میں یہاں ہم کچھ دیر کے لئے فلسفہ ء وحدت الوجود کا ذکر کرنا چاہیں گے، یہ فلسفہ دراصل ہندوستان میں اپنشدوں کے زمانے سے رائج ہے اسکے سب سے بڑے علمبردار تھے شنکر اچاریہ۔ دنیائے اسلام کے سب سے پہلے فلسفی شیخ اکبر محی الدین ابن عربی نے اس عظیم صداقت کو قرآن اور حدیث سے ثابت کیا ہے رومی اور جامی نے بھی شیخ اکبر سے استفادہ کیا ہے بعد میں مغربی فلسفیوں اسپنوزا اور ہیگل نے بھی اس نظریہ کی وضاحت کی ہے یہ تمام وجودی اس امر سے اتفاق رکھتے ہیں کہ در حقیقت صرف ایک ذات موجود ہے اور یہی موجود منبع کائنات ہے غالب نے اپنے شعر میں یہ بات یوں کہی ہے:

دہر جز جلوۂ یکتائی معشوق نہیں

رؤف خیر نے ''لالۂ طور'' کو اردو میں نظم کیا ہے

لالے کا پھول ہم نے کشمیر میں رہتے ہوئے دیکھا ہے جہاں یہ موسم بہار میں مختلف رنگوں میں کھلتا ہے اسے انگریزی میں TULIP کہتے ہیں اسکی شکل کپ کی سی ہوتی ہے اسے ''گلِ نافرمان'' بھی کہتے ہیں۔

بابر نے واقعات بابری میں لکھا ہے '' نواح کابل میں پچاس طرح کا لالہ ہماری نظر سے گزرا'' عام طور پر لالے کا کنایہ محبوب کے سرخ چہرے اور سرخ رخسار سے دیا جاتا ہے۔ اور طور سے ہم سب واقف ہی ہیں جو ایک معزز اور مقدس پہاڑی ہے (طور ''سریانی زبان میں پہاڑ کو کہتے ہیں) یہاں حضرت موسیٰ نے تجلی باری سے افتخار پایا تھا۔ بے حد ضمنی طور پر ہم یہ بھی عرض کرنا چاہیں گے کہ جب ہم دوردرشن میں برسرکار تھے تب حکومت ہند نے ہمیں اولمپک کھیلوں کے سلسلے کی ایک کانفرنس میں جرمن کے شہر ہادن ہادن بھیجا تھا، وہاں فرینک فرٹ ہو کر جانا پڑتا تھا شاعر گوئٹے اسی شہر میں پیدا ہوا تھا

فرینک فرٹ میں ہمارا کچھ عرصہ قیام رہا، اس قیام کے دوران ہم گوئٹے کی رہائش گاہ بھی گئے جہاں ہم نے اس عظیم شاعر کی کتابیں اور دیگر اشیا دیکھیں یہ ایک یادگار Visit تھا یہاں ہم نے گوئٹے کا دیوان West Ostlicher Divan بھی دیکھا تھا۔

اب ہم رؤف خیر کے منظوم ترجمہ ''قنطار'' کی طرف رجوع ہوتے ہیں تقابلی جائزے کی خاطر۔

ترجمہ کا فن بے حد مشکل فن ہے جو مترجم سے خواہ وہ کسی زبان کا مترجم کیوں نہ ہو، خون جگر کا مطالبہ کرتا ہے۔ ترجمے کی ایک اہم بات یہ ہے کہ مترجم کو اس زبان پر جس کا ترجمہ کیا جارہا ہو عبور ہونا ضروری ہے۔ نثری ترجمے کی حد تک یہ کام نسبتاً آسان ہوتا ہے لیکن جب کسی زبان کے شعر کو اپنی زبان کے قالب میں شعری پیرائے میں ڈھالنا ہو تب تو مترجم کو بڑے نازک مرحلے سے گذرنا پڑتا ہے۔ اطالوی زبان کا ایک فقرہ ہے

TRADUTORI TRAIDUTORI

جس کا مطلب ہے تمام مترجم غدار ہوتے ہیں اٹلی میں اس فقرے کی اہمیت یوں ہے کہ مترجم، اس زبان جس کا ترجمہ کیا جارہا ہو اگر انحراف یا بے وفائی کرتا ہے تو وہ لائق اعتنا نہیں، ہاں مگر ہمیشہ ایسا نہیں ہوتا جو دانشور زبانوں پر عبور رکھتے ہیں ان کو موردالزام قرار نہیں دیا جاسکتا، ہمارے رؤف خیر ایسے ہی ایک دانشور ہیں۔

یہاں ہم رؤف خیر کو مبارکباد دینا چاہیں گے جنھوں نے ''لالۂ طور'' کے اردو میں منظوم ترجمے کا کارنامہ انجام دیا ہے، واقعی یہ اردو شعروادب میں ایک سنگ میل ہے۔ فارسی سے اردو میں کئی تراجم کئے گئے ہیں اور آج بھی کئے جاتے ہیں حافظ، سعدی، نظامی وغیرہ کے اشعار اور داستانوں کے تراجم ہمیں ملتے ہیں اکثر و بیشتر یہ تراجم اول درجے کے ہیں جنھوں نے اصل کی روح برقرار رکھی ہے۔ رؤف خیر کے کئے گئے ترجمے کی حد تک

ہم یہی کہنا چاہیں گے کہ انھوں نے واقعی کھرے ترجمے کا حق ادا کیا ہے مثلاً اقبال کے ان اشعار کو دیکھئے۔

برون از ورطۂ بود و عدم شو
فزوں تر زیں جہانِ کیف و کم شو
خودی تعمیر کن در پیکر خویش
چو ابراہم معمار حرم شو

اور رؤف خیر کا کیا ہوا یہ ترجمہ بڑی بے ساختگی کا حامل ہے

اب اونچا اٹھ جہانِ کیف و کم سے
نکل گرداب سے بود و عدم کے
خودی تعمیر کر یوں اپنی جیسے
خلیل اللہ تھے بانی حرم کے

یہ ترجمہ نہایت موزوں اور قابل ستائش ہے اس ترجمے سے کئی اور مثالیں دی جا سکتی ہیں۔

رؤف خیر ایک معتبر اور برگزیدہ شاعر ہیں وہ بڑے اعتماد اور اعتبار کے ساتھ الفاظ کا انتخاب کرتے ہیں۔

فن شعر گوئی ایک مشکل فن ہے۔ کہا جاتا ہے کہ شعر گوئی ترجمان حسیات قلب ہے۔ نیز یہ بھی کہ شاعری جزویست از پیغمبری (یہ بات علامہ اقبال پر پوری طرح صادق آتی ہے) جہاں تک رؤف خیر کا تعلق ہے ہم ان کا شمار چوٹی کے یا صف اول کے شاعروں میں کرنا چاہیں گے شاعری ان کے یہاں مقصدیت لئے ہوئے ہے۔ رؤف خیر نے اکثر بیش بہا بلکہ اور یجنل تراکیب کا استعمال کیا ہے مثلاً اقبال کے اس شعر کا ترجمہ انھوں نے

بڑی خوب صورتی سے کیا ہے:

مرنج از برہمن اے واعظ شہر
گر از ما سجدۂ پیش بتاں خواست
خدائے ما کہ خود صورت گری کرد
بتے را سجدۂ از قدسیاں خواست
(اقبال)

رؤف خیر کا ترجمہ

برہمن سے خفا واعظ نہ ہونا
اگر وہ بت پرستی ہم سے چاہے

خدا نے خود بھی جب صورت گری کی
تو سجدایا تھا بت کو قدسیوں سے

اسم سجدہ کو کس عمدگی سے انھوں نے فعل کی شکل دی یعنی سجدایا کی ترکیب استعمال کی یہ فن شاعری پر ان کے عبور کا اشارہ ہے

ایک اور مقام پر انھوں نے ”شہداب“ کی خوب صورت ترکیب یوں استعمال کی ہے۔

بنادے سنگ کو شیشہ ہنر سے
خرد ململ کو بھی کم خواب کر دے

ہے شاعر کی نوا میں ایسا جادو
جو زہر جاں کو بھی شہد اب کر دے

البتہ کہیں کہیں انہوں نے ایسے الفاظ بھی استعمال کئے ہیں جو کھٹکتے ہیں مثلاً لفظ ’’نئیں‘‘ کا استعمال جس میں دکنیت غالب ہے۔

تو می گوئی کہ من ہستم، خدا نیست
جہان آب و گل را انتہا نیست
ہنوز ایں راز بر من ناکشو واست
کہ چشم آنچہ بیند ہست یا نیست
(اقبال)

رؤف خیر کا ترجمہ

تو کہتا ہے، ہوں میں ہی میں، خدا نئیں
جہاں آب و گل کی انتہا نئیں
کھلا اب تک نہ مجھ پر راز اتنا
جو دیکھا آنکھ نے وہ ہے بھی یا نئیں

ان کے مجموعے میں صفحہ ۴۸ پر انھوں نے ’’مٹی کا مادھو‘‘ ترکیب استعمال کی ہے جو راقم السطور کو کھٹکتی ہے۔

کنشت و مسجد و بت خانہ و دیر
جز ایں مشت گلے پیدا نکر دی

زِ حکم غیر نتواں جزبہ دل رست
تو اے غافل دلے پیدا نہ کردی
(اقبال)

رؤف خیر کا ترجمہ
بنا ڈالا تجھے مٹی کا مادھو
اس آتش خانہ و دیر و حرم نے
ترے سینے میں غافل دل نہیں وہ
جو غیر اللہ سے تجھ کو بچا لے

آخر میں ہمیں یہی عرض کرنا ہے کہ رؤف خیر کے اس ترجمے سے ان کی دیدہ وری جھلکتی ہے انھوں نے ترجمہ کرتے ہوئے واقعی عرق ریزی کا ثبوت دیا ہے۔ اس مختصر سے مضمون میں ان کی پوری کاوش کا احاطہ کرنا ممکن نہیں لیکن ہم یہی کہنا چاہیں گے کہ جو قاری علامہ اقبال کے فارسی کلام سے کماحقہ واقف نہ ہو انھیں رؤف خیر کی مدد سے اقبال کے کلام کو سمجھنے میں آسانی ہو سکتی ہے۔

ایک بار پھر ہم رؤف خیر کو ان کی اس بیش بہا کاوش پر یہ کہہ کر مبارکباد دیتے ہیں کہ ایں کار از تو آید و مرداں چنین کنند!

***

# رؤف خیرؔ بحیثیت مترجم اقبال

## ڈاکٹر فخر عالم اعظمی

جدید لب و لہجہ کے مشہور شاعر اکمل حیدرآبادی مرحوم کہا کرتے تھے کہ دنیائے شعر و ادب نے حیدرآبادی شعرا کے ساتھ انصاف نہیں کیا۔ انھوں نے راقم الحروف سے ایک ملاقات میں کہا کہ حیدرآباد میں شاعری کا Production اچھا ہے لیکن اس کی صحیح Marketing نہیں ہوتی۔ لیکن رؤف خیرؔ کی شاعری اس کلّیے سے مستثنیٰ ہے۔ شاید اس کی وجہ یہ ہے کہ انھوں نے اپنی تخلیقی صلاحیتوں کا لوہا منوانے کے لئے نقادوں کی شاہراہ سے گزرنے کے لئے Green Signal کا انتظار کرنے کے بجائے خود اپنی پگڈنڈی بنانا زیادہ مناسب سمجھا۔ اور وہ اس وادیِ پر خار میں آبلہ پا بھی ہوئے اور دامن دریدہ بھی لیکن ہم آغوش منزل ہونے کے بعد انھوں نے اپنے آبلے کی ایک ایک بوند اور دامن کے ایک ایک تار کی قیمت وصول کر لی اور وہ بھی صرف اصل ہی نہیں بلکہ مکمل سود کے ساتھ۔ یہاں تک کہ آج وہ ہند و بیرون ہند اپنی شہرت کے لئے کسی وسیلے کے محتاج نہیں۔ وہ جہاں گئے ان کی شہرت ان کے استقبال کے لئے موجود تھی۔

رؤف خیر کے شعری ذوق کی سیمابیت نے انھیں کبھی چین سے نہیں بیٹھنے دیا۔ ان کا بربطِ سخن قناعت و استغنا کے سکوت کے بجائے ھل من مزید کے زیر و بم سے گونجتا رہا۔ اور ان کے طائر فکر نے تخلیق کے آسمانوں کی سیر پر اکتفا نہیں کیا بلکہ اپنی پرواز کا رخ

بلندیوں کے بعد پنہائیوں کی طرف موڑ دیا اور منظوم ترجمے کو وقار اور اعتبار عطا کرنا اپنا ادبی فریضہ سمجھا۔ایک ایسے شاعر کے لئے جو تخلیق کے میدان میں شہرت و مقبولیت کے براق کا سوار ہو، منظوم ترجمے کی دعوت مبارزت قبول کرنا بڑے جان جوکھوں کا کام ہے کیونکہ یہاں اس کی ساکھ متاثر ہونے کا اندیشہ رہتا ہے۔غالباً یہی سبب ہے کہ فیضؔ جیسے شاعر نے اقبالؔ کی فارسی تصنیف پیام مشرق" کے انھی حصوں کو منظوم ترجمے کے لیے منتخب کیا جن میں وہ اپنی شاعرانہ حیثیت برقرار رکھ سکتے تھے ورنہ منظوم ترجمے کے میدان میں خام کاروں اور دوسرے درجے کے تخلیق کاروں کی بڑی تعداد وارد ہوئی اور اس امید کے ساتھ کہ بلند قامت شعرا کی تخلیقات کے ترجمے کے زینے کی مدد سے وہ بامِ شہرت تک رسائی حاصل کرلیں گے۔اگر وہ اس میں کامیاب ہوئے تو گوہر مراد ہاتھ لگا ورنہ سابقہ حیثیت تو برقرار ہے ہی۔ نتیجتاً ایسے سستے اور شاعر کے منشا کے برعکس ترجمے سامنے آئے جنھیں دیکھ کر JOHN CIARDI کو مترجمین کی کاوشوں پر "No more than the best possible failure" اور FROST کو " Poetry is what disappears in translation" جیسے ریمارکس کرنے پڑے، اور یہ مشکل اس لئے بھی پیدا ہوئی کہ شاعر کے جذبات، احساسات، کیفیات، بین السطور، صوتی آہنگ، صنائع و بدائع اور لطف قوافی جیسی بہت سی خوبیاں ہیں جنھیں منظوم ترجمے کے شیشے میں اتارنا ایک کار محال ہے۔ان سب سے کہیں بڑی مشکل اس وقت پیدا ہوئی ہے جب مترجم سے نفی ذات کا مطالبہ کیا جاتا ہے۔ایسے مشکل حالات میں ایک ایسے شاعر کا منظوم ترجمے کے چیلنج کو قبول کرنا جو کسی شہرت اور تعارف کا محتاج نہ ہو، یقیناً لائق تحسین اور قابلِ قدر کارنامہ ہے۔

رؤف خیر منظوم ترجمے کے میدان میں نووارد ہیں۔اس لیے ان کے تراجم کا سرمایہ

کچھ زیادہ نہیں ہے۔ صرف ایک مجموعہ منظر عام پر آیا ہے جو اقبال کے فارسی مجموعۂ کلام ''پیام مشرق'' میں ''لالۂ طور'' کے عنوان سے شامل قطعات کے منظوم تراجم پر مشتمل ہے اور قنطار کے نام سے شائع ہو کر ادبی حلقوں سے زبردست خراج تحسین حاصل کر چکا ہے۔ جس کا ثبوت یہ ہے کہ دو برسوں کی قلیل مدت میں اس کا دوسرا ایڈیشن بھی شائع ہو چکا ہے۔ ترجمے کے میدان میں رؤف خیرؔ اگرچہ کہ نو مشق ہیں تاہم اس نو مشقی کے باوجود تراجم میں کہیں خام کاری باریاب نہیں ہو سکی ہے۔ بلکہ بعض تراجم پر تو کسی پختہ مشق بلکہ کہنہ مشق مترجم کے شاہکار ہونے کا گمان ہوتا ہے۔ ان تراجم کے ذریعے رؤف خیرؔ نے یہ ثابت کر دیا کہ ایک قادر الکلام شاعر جس زمین پر قدم رکھتا ہے اسے آسمان کر دیتا ہے۔ چند مثالیں دیکھئے۔

بباغاں باد فروردیں دہد عشق
براغاں غنچہ چوں پرویں دہد عشق
شماع مہر او قلزم شگاف است
بماہی دیدۂ رہ بیں دہد عشق

رؤف خیرؔ کا ترجمہ ملاحظہ فرمایئے

چمن کو عشق دے بادِ بہاری
ستاروں جیسی کلیاں جنگلوں کو
کرن اس کی سمندر چیر ڈالے
دکھاتا ہے وہ رستہ مچھلیوں کو

ایک اور مثال ملاحظہ فرمایئے

سحر دم شاخسارِ بوستانے
چہ خوش می گفت مرغِ نغمہ خوانے
بر آور ہر چہ اندر سینہ داری
سرودے، نالۂ، آہے، فغانے

رؤف خیر کا ترجمہ ملاحظہ فرمائیں

چمن کے شاخساروں میں گجر دم
کہا کیا خوب مرغِ خوش سخن نے
سرود و نالہ و آہ و فغاں سب
ترے دل میں ہے جو کچھ سب اگل دے

رؤف خیر کے ترجمے میں ''کہا کیا خوب'' جز و ما بعد یعنی'' مرغ خوش سخن'' کی مناسبت سے مزید حسین اور دل کش ہو گیا ہے۔ ترجمے کے سفر میں ایسے ہی مقامات پر مترجم در پردہ اپنی تخلیقی صلاحیتوں کا بھی لوہا منوا لیتا ہے اور یہی مقام ہوتا ہے جہاں تشاعر کی قلعی کھل جاتی ہے اور شاعر وجدان کی دولت خداداد سے بھرپور استفادہ کرتا ہے۔ منظوم ترجمہ نرا میکانکی عمل نہیں ہے۔ میکانکی عمل کے ذریعے وجود میں آنے والے تراجم خشک اور بے مزہ ہوتے ہیں نتیجتاً قاری مطالعے کی شاہراہ پر ایسے تراجم کی رفاقت تا دیر گوارا نہیں کر سکتا۔ عمدہ ترجمے کے لیے مضطر مجاز نے بجا کہا ہے کہ جب تک ترجمہ نیم وجدانی عمل نہیں بنتا، بات نہیں بنتی، البتہ رؤف خیر کے تیسرے اور چوتھے مصرعوں میں ایک ہی قبیل کے الفاظ (سرود، نالہ، آہ، فغاں) کے لیے دو مرتبہ سب آیا ہے جو حشو قبیح ہے۔

ایک اور قطعے کا ترجمہ ملاحظہ فرمائیے

رہے در سینۂ انجم کشائی
ولے از خویشتن نا آشنائی
یکے بر خود کشا چوں دانہ چشمے
کہ از زیر زمین نخلے بر آئی

رؤف خیر کا ترجمہ دیکھئے

بنایا سینۂ انجم میں رستہ
خود اپنی ذات سے ناواقفیت
شجر اک تیری ہی مٹی سے پھوٹے
کھلے خود پر جو تو کونپل کی صورت

رؤف خیر کے پہلے اور دوسرے مصرعے حسن اسلوب، بندش کی چستی اور متن کی قربت کے لحاظ سے عمدہ ترجمے کے معیار پر پورے اترتے ہیں۔ تیسرے اور چوتھے مصرعے بھی اصل کے مافیہ کو واضح کرنے میں کامیاب ہوئے ہیں۔ خصوصاً خود پر کونپل کی صورت کھلنا لاجواب ہے۔ البتہ مترجم سے اتنا تسامح ہوا ہے کہ اس نے "دانہ" کے بغیر کونپل پیدا کی ہے جبکہ دانے کے بغیر کونپل کا وجود نہیں۔ تاہم یہ صرف ہیئت کی بحث ہے ورنہ فکر اقبال کا بادۂ تیز و تند رؤف خیر کے ترجمے کے جام میں کمالِ کیف و سرور کے ساتھ رقص کناں ہے۔ مترجم نے کلام میں حسن اور زور پیدا کرنے کے لیے تیسرے مصرعے کو موخر اور چوتھے کو مقدم کر دیا ہے جو کوئی عیب کی بات نہیں۔ ترجمہ دراصل شاعر کی مراد اور منشا کا ہوتا ہے نہ کہ لفظوں اور مصرعوں کا۔ EDWARD RODITI کا یہ قول "The spirit of poetry resides entirely in its body" بڑی اہمیت کا حامل ہے اور ترجمہ اسی روح کا ہوتا ہے۔ ایک قادر الکلام مترجم کسی

زبان کی روح کو اپنی زبان کے قالب میں کمال احتیاط و شعور کے ساتھ اس طرح اتار لیتا ہے کہ تخلیق و ترجمہ 'من جاں شدم تو تن شدی، کے مصداق بن جاتے ہیں اور بلاشبہ رؤف خیر اس فریضے سے بہ حسن و خوبی عہدہ بر آ ہوئے ہیں۔ ان کے تراجم کے محاسن با ذوق قاری کے دامنِ دل کو بے ساختہ اپنی طرف کھینچ لیتے ہیں ان تراجم میں معائب کا گذر کم سے کم ہے۔ یوں تو خامیاں کس میں نہیں ہوتیں۔ تاہم ترجمے کی صراط مستقیم پر رؤف خیر بہت کم لغزش پا کے شکار ہوئے ہیں۔ اور جو کچھ اسقام سرزرد ہوئے ہیں وہ کسی بتِ کافر کی طرح اتنے حسین ہیں کہ انھیں دیکھ کر ایسا محسوس ہوتا ہے گویا وہ کہہ رہے ہوں

حق کی تمیز ہوتی ہے باطل کے سامنے

'' قنطار '' رؤف خیر کی منزل نہیں ہے۔ یہ ان کے سفر کا پہلا اور عارضی پڑاؤ ہے۔ اب ان کے شائقین اور قارئین کو اس فن میں ان سے بڑی توقعات وابستہ ہو گئی ہیں۔ رؤف خیر کے چاہنے والوں کو بلاشبہ اس بات کی خوشی ہو گی کہ ان کے ہیرو کی کثیر الجہات شخصیت کا ایک اور روشن پہلو سامنے آیا ہے۔ اپنے ترجمے کی لذت سے آشنا کر کے انہوں نے اپنے چاہنے والوں کی تشنگی میں مزید اضافہ کر دیا ہے اور وہ ھل من مزید کی صدا بلند کرنے لگے ہیں۔ رؤف خیر کی فیاضیِ قلم سے یہ امید ہے کہ وہ تشنگانِ شوق کو لاتقنطوا کے جواب سے نوازیں گے۔ میخانۂ اقبال میں رندانِ بلانوش کا جم غفیر بھی ہے اور اقبال کے فارسی کلام کی '' رگِ تاک '' میں ''بادۂ ناخوردہ '' کی وافر مقدار بھی۔ اور یہ دونوں رؤف خیر کے ہنر بادہ سازی کے منتظر ہیں۔

قنطار علامہ اقبال کی شہرۂ آفاق تصنیف پیامِ مشرق میں شامل فارسی قطعات '' لالہ طور '' کا منظوم اردو ترجمہ ہے۔ ترجمہ ویسے بھی آسان کام نہیں اور شعر کا ترجمہ تو بہت ہی

کٹھن کام ہے کیونکہ شعر کی حقیقی روح کو کسی دوسری زبان میں ڈھالنا ایک دوسرے ہمالیہ کو سر کرنے کے مترادف ہے پھر مترجم کو جب تک دونوں زبانوں پر عبور نہ ہو یہ عرق ریزی ممکن نہیں ہو سکتی۔ رؤف خیرؔ اس لحاظ سے بھی لائق تحسین ہیں کہ انہوں نے یہ مشکل کام کر دکھایا۔ اب میرے لیے یہ فیصلہ کرنا مشکل ہے کہ موجودہ دور کے مسلمانوں کی حالت زار پر مغموم و بے چین علامہ اقبال کی روح نے عالمِ برزخ سے اپنے ایک زمینی پرستار کو ایک بار پھر اس بڑے کام کے لیے منتخب کیا یا اس سر بکف عاشقِ اقبال نے خود ہی لالہ طور میں موجود جذبات میں ہلچل مچا دینے اور تڑپا دینے والے کلام کو حال کے نازک ترین عہد کے تناظر میں اپنے انداز میں اردو داں طبقے پر منکشف کروانا ضروری سمجھا۔ وجہ جو بھی ہو یہ کارنامہ کوئی معمولی کارنامہ نہیں۔

ایں سعادت بزور بازو نیست
تا نہ بخشد خدائے بخشندہ

۱۶۳ قطعات کے اس منظوم ترجمے کے ذریعے ایک بار پھر اقبال اپنے فلسفہ خودی کے جاہ و جلال کے ساتھ عہد حاضر کی زندہ اور پائندہ زبانِ اردو میں ہم سے مخاطب ہیں۔ پیامِ مشرق جس میں لالہ طور کے عنوان سے یہ عظیم ذخیرہ موجود ہے فی نفسہٖ کوئی معمولی تصنیف نہیں کیوں کہ اس کی اہمیت کا اندازہ اس بات سے بھی لگایا جا سکتا ہے کہ اس کتاب کا دیباچہ خود علامہ نے تحریر کیا تھا جس میں ان کا یہ انکشاف موجود ہے کہ اس تصنیف کا محرک گوئٹے کا "دیوانِ مغرب" (WEST OSTLICHERDIVAN) تھا۔ یہ گوئٹے کی کتاب کی اشاعت کے سو سال بعد ظہور پذیر ہوئی۔ گوئٹے کی اس تصنیف کے بارے میں بھی علامہ اقبال کی یہ رائے ملحوظِ

خاطر رہنی چاہیئے جو انہوں نے پیامِ مشرق کے مقدمے میں لکھی ہے۔ ’’بعض مقامات پر گوئٹے کی شاعری حافظ کے اشعار کا آزاد ترجمہ معلوم ہوتی ہے جو یقیناً اس امر کا ثبوت ہے کہ گوئٹے کے خیالات اور فکر پر شعوری یا لاشعوری طور سے حافظ کے اثرات ضرور مرتب ہوئے ہیں۔‘‘ یہاں اس تذکرے کو میں نے یوں ہی مس نہیں کیا بلکہ خود مترجم نے ’’حرفِ خیر‘‘ میں جس حقیقت کا عندیہ دیا ہے اس میں اس کی وضاحت کی ہیں۔ بہر حال رؤف خیر ؔخود بھی اقبال کے عقیدت مند ہیں اس لئے انہوں نے اس منظوم ترجمے میں بالاہتمام اس امر کا دھیان رکھا ہے کہ شاعرِ مشرق کے لہجے کی گھن گرج بھی اردو ترجمے میں بعینہٖ بازگشت بن کر ابھرے لہذا رؤف خیر اپنے اس دعوے میں بہر حال درست ہیں ’’ترجمہ کرتے ہوئے میں نے اقبال کی فکر کو اقبال ہی کے اسلوب میں بیان کرنے کی حتی المقدور کوشش کی ہے‘‘ اس سلسلے میں اگر یہاں ان کے چند قطعات پیش کئے جائیں تو شاید نامناسب نہ ہو گا۔ منظوم ترجمہ

جہانِ راز ڈھونڈوں راز ہو کر
نہ میں انجام نے آغاز ڈھونڈوں
اگر ظاہر ہو بے پردہ حقیقت
’’مگر‘‘ ’’شاید‘‘ کا پھر انداز ڈھونڈوں

نہ شمشیر و علم ہیں نے سکندر
خراج شہر ہی باقی نہ زر ہے
رہی ہیں امتیں شاہوں سے بڑھ کر
گیا جم، دیکھ لے فارس مگر ہے

چمن کے شاخساروں میں گجر دم
کہا کیا خوب مرغ خوش سخن نے
سرود و نالہ و آہ و فغاں سب
ترے دل میں ہیں جو کچھ سب اگل دے

میں نے تمام منظوم ترجمہ شدہ قطعات میں صرف مندرجہ ذیل تین قطعات کا انتخاب اس لیے بھی تمثیلاً لیا ہے کہ ان میں رؤف خیرؔ نے لالہ طور کے اصل روح کے جریب پہنچنے کی کوشش میں انتہائی خود اعتمادی کے ساتھ یہ بھی ثابت کیا ہے کہ ہر دو زبانوں پر ان کو کتنا عبور ہے اس کا مطلب یہ بھی نہیں کہ باقی تمام منظوم ترجمے ان کے اس ہنر سے عاری ہیں بلکہ یہ مشتے نمونہ از خروارے ہے۔

بر سبیل تذکرہ یہ بھی ایک تاریخی حقیقت ہے کہ لالۂ طور کا ترجمہ دنیا کی بیشتر بڑی زبانوں میں ہو چکا ہے لیکن اقبال کی ہمہ گیریت کے سبب ہر نسل اپنے زمانے کے تناظر میں اقبال کی شاعری کو ایک نئے سرے سے ٹھیک اسی طرح دریافت کرتی رہے گی جس طرح غالب کی شاعری کو TIMELESS ہونے کے باعث ہر نئی نسل بازیافت کرتی چلی آرہی ہے۔ میں یہاں خود رؤف خیرؔ کے الفاظ دہرادوں تو پڑھنے والوں کو اس جدید ترجمے کی وجہ بھی آسانی سے معلوم ہو جائے گی (صفحہ ۱۳)۔ ’’بعض مشاق مترجموں کے کیے ہوئے لالۂ طور کے تراجم میرے سامنے ہیں۔ ان کی شخصیت اور علمیت کا میں معترف ہوں لیکن ان کی موجودگی میں میرا یہ ترجمہ خود اس بات کی دلیل ہے کہ میں ان ترجموں سے متفق نہیں ہوں۔ ترقی اور کمال کی خواہش جس طرح انسانی فطرت میں موجود ہے اسی طرح انسانی تخلیقی شاہ کاروں میں بھی اس جواز موجود ہے۔ میں یہ نہیں کہتا کہ ان

ترجموں میں مزید ترقی کی گنجائش نہیں ہے لیکن تا بہ حد حدود خیر میں یہ کہہ سکتا ہوں:

بے محنت پیہم کوئی جوہر نہیں کھلتا
مے خانۂ حافظ ہو کہ بت خانۂ بہزاد

یہاں میں رؤف خیرؔ کی اس پر خلوص عرق ریزی کو مزید استحکام بخشنے کے لیے اگر " اردو بک ریویو" نئی دہلی کے ان الفاظ کو دہرادوں تو شاید غلط نہ ہو گا:

" لالۂ طور کو رؤف خیرؔ نے اپنی شعری صلاحیت اور تخلیقی تجزیے کے ساتھ بہترین ترجمے کی شکل میں پیش کیا ہے۔"

اپنی تحریر ختم کرنے سے قبل لفظِ قنطار پر بھی اگر دو جملے کہوں تو یہ بے محل نہ ہوں گے۔ قنطار کے لغوی معنی جیسا کہ مترجم نے خود ہی واضح کر دیا ہے، ذخیرۂ سیم و زر ہے لیکن میں ذرا اس کی معنوی تفہیم میں جا کر اسے دو حصوں میں منقسم کر دوں تو صورت حال یہ بنتی ہے کہ علامہ اقبال کا لالۂ طور اگر سونے کا ذخیرہ ہے تو اس کا منظوم ترجمہ جسے رؤف خیرؔ نے پیش کیا ہے وہ یقیناً چاندی کا درخشندہ ذخیرہ ہے اور سونے چاندی کا ساتھ تو سب کو معلوم ہے چولی دامن کا ساتھ ہوتا ہے۔ امید ہے آنے والا مستقبل علم و ادب کے اس عاشق کو اردو کے نئے افق کی تلاش میں مزید کامرانیاں عطا کرے گا۔

****

# رؤف خیر کی تنقید

## اعجاز عبید

### رؤف خیر کے مطبوعہ و غیر مطبوعہ مضامین

١۔ حرف خیر

٢۔ میرا نظریہ ادب کے بارے میں

٣۔ اقبال کا فلسفۂ خودی

٤۔ کیٹس اور اقبال کے اسلوب کا تقابلی مطالعہ

٥۔ بچوں کا اقبال

٦۔ لفظیات فیض

٧۔ جوش کی انقلابی شاعری

٨۔ فراق گرم سخن ہے

٩۔ حسرت۔ آنکھ اور ادراک کے آئینے میں

١٠۔ "اک سخن اور"

١١۔ کاغذ پہ آگہی

١٢۔ ملک الشعراء اوج یعقوبی

۱۳۔ پچھلے موسم کا پھول۔ مظہر امام

۱۴۔ رضیہ سجاد ظہیر کے نام

۱۵۔ مبصر کلام حیدری

۱۶۔ ڈپٹی نذیر احمد اور حیدر آباد

۱۷۔ جدید شاعری میں علامت نگاری

۱۸۔ آگہی نا آگہی

۱۹۔ ملفوظات و مواعظ۔ ادب کے آئینے میں

۲۰۔ خورشید احمد جامی فن اور شخصیت

۲۱۔ حیدر آبادی خواتین اور اُردو تحقیق و تنقید

۲۲۔ اُردو ماہیے کے تین مصرع

۲۳۔ برف رتوں کی آگ کا شاعر

۲۴۔ خواجہ میر درد۔ فن اور شخصیت

۲۵۔ سلیمان اریب

۲۶۔ اقبال کے اسلوب کا ارتقاء

۲۷۔ اک اجمالی تجزیاتی جائزہ

۲۸۔ دکن کا انمول رتن۔ شاذ تمکنت

۲۹۔ راجہ رام موہن رائے

۳۰۔ "ٹیگور" ناقدری سے قدر دانی تک

۳۱۔ مصلح الدین سعدی

رؤف خیرؔ کو تنقید سے دلچسپی ہے انہوں نے تنقیدی مضامین لکھے ہیں۔ان کے تنقیدی مضامین کا ایک مجموعہ ''خط خیر'' ہے۔ جسے خیری پبلیکیشنز، گولکنڈہ، حیدرآباد نے ۱۹۹۷ء میں شائع کیا۔یہ مجموعہ اٹھارہ(۱۸) تنقیدی مضامین پر مشتمل ہے۔انہوں نے اس کا انتساب اپنے دو بیٹے رافف خیری اور ہاتف خیری کے حوالے سے نئی نسل کے نام کیا ہے۔اسی صفحہ پر قرآن مجید کے سورہ الشعراء کی آیت ۲۶/ ۸۴ اور اس کا ترجمہ بھی پیش کیا ہے۔

حرف خیرؔمیں انہوں نے اپنے مضامین کے بارے میں لکھا ہے:

''ان مضامین میں شخصی عناد کو ذرا دخل نہیں ہے۔کسی صنف یا شاعر پر تنقید خالص علمی سطح پر روا رکھی گئی ہے اور دلیل و جواز کے ذریعہ نقطہ نظر پیش کرنے کی کوشش کی ہے۔''[1]

پہلا مضمون ''میرا نظریہ ادب کے بارے میں'' ہے جس میں رؤف خیرؔ نے ادب کے بارے میں بہت سی باتیں بیان کی ہیں۔جیسے ادب کی تعریف، الفاظ کا تخلیقی استعمال، موضوع کا اعلیٰ ہونا، موضوعات کے تنوع کے ساتھ اسلوب کا بدل جانا، تخیل اور ادب کا افادی نقطۂ نظر وغیرہ۔

انہوں نے ادب کی تعریف اس طرح کی ہے:

''بہترین الفاظ میں بہترین خیالات کو بہترین انداز میں پیش کرنے کا نام ادب ہے۔''

انہوں نے بتایا کہ شاعر و ادیب کم سے کم الفاظ میں زیادہ سے زیادہ بات کہہ دینے کا ہنر جانتے ہیں جس کی وجہ سے کئی تشریحات کی گنجائش ہوتی ہے۔الفاظ کا تخلیقی استعمال اور موضوع کے اعلیٰ ہونے کو رؤف خیرؔ بڑی اہمیت دیتے ہیں۔اچھے ادب کی تخلیق کے

بارے میں وہ کہتے ہیں:

"میرے خیال میں اچھا ادب اسی وقت تخلیق پا سکتا ہے جب ادیب و شاعر اپنے تخیل کے زور پر وہ فضا تشکیل دے جس میں اس کا موضوع نمایاں ہو کر سامنے آئے۔ بہر حال موضوع کی ہمہ گیری شاعری کی ہمہ دانی کا ثبوت فراہم کرے تو ادب کا شاہکار وجود میں آسکتا ہے۔۔۔"

"کامیاب ادیب و شاعر وہی ہے جو اپنے فکر و فن سے اپنی پہچان قائم کرے محض کسی اور کی تقلید میں زندگی نہ گزارے بلکہ اپنے طور پر اک طرز کا بانی ثابت ہو، دوسروں کی تقلید میں عمر کاٹنے والا گم ہو کر رہ جاتا ہے۔ نئی راہ نیا خیال اور نیا اسلوب دیگر فن کاروں سے ایک شاعر اور ادیب کو ممتاز کرتا ہے اور یہی امتیاز ادب کی ترقی کا ضامن بھی ہوتا ہے۔"

"اچھے ادب کے لئے ایک خاص افادی نقطۂ نظر کا ہونا ضروری ہے۔۔۔"

"ادیب کو سماجی برائیوں پر قلم ضرور اٹھانا چاہیئے مگر اس کا یہ طرز تحریر لذت انگیزی، لذت اندوزی و لذت آموزی کے بجائے سبق آموزی ہونا چاہیے اس کی تحریر سے قاری کو عبرت حاصل ہونا چاہیے۔۔۔"

رؤف خیرؔ نے اقبال پر تین مضامین لکھے ہیں مضمون "اقبال کا فلسفہ خودی" میں خودی کا مفہوم احساس نفس یا تعین ذات بتلایا گیا ہے۔ اس کی تشریح کرتے ہوئے وہ لکھتے ہیں:

"احساس نفس دراصل عرفان نفس ہے۔ بقول شخصے من عرفہ نفسہ فقد عرفہ ربہ (یہ حدیث نہیں ہے) جس نے اپنے آپ کو پہچانا اس نے رب کو پہچانا۔ تعین ذات بھی دراصل خدا کی ذات واحد اور اس کی لامحدود صفات کے ادراک کے ساتھ ساتھ اپنی

حیثیت سے آگاہی کا نام ہے۔ یہی خودی ہے۔ خودی آخر کار قلب سلیم عطا کرتی ہے۔ یوم لا ینفع مال و لا بنون الا من اتی اللہ بقلب سلیم۔ سوائے قلب سلیم کے اس دن نہ مال کچھ فائدہ پہنچا سکے گا نہ اولاد (سورۂ شعراء: آیات: ۸۸۔۸۷)"

انہوں نے بتایا کہ اقبال کے ہاں خودی ایک حرکی تصور ہے۔ خودی کی منزل اُس وقت آتی ہے جب اللہ کا ہاتھ بندہ مومن کا ہاتھ ہو جاتا ہے۔ خودی مرد مومن کے اندرون کا حصہ ہے۔ خودی کے سبب سربلندی نصیب ہوتی ہے۔ انہوں نے اقبال کے اشعار بھی خودی کی تشریح کی ہے۔

اقبال پر دوسرا مضمون "کیٹس اور اقبال کے اسلوب کا تقابلی مطالعہ" ہے۔ مضمون کی ابتداء میں رؤف خیرؔ نے مغربی ادیبوں کے حوالے سے اسلوب کی تشریح کی۔ اسلوب اور اس کی تشکیل کے بارے میں انہوں نے یہ خیال ظاہر کیا ہے:

"اسلوب کسی بھی ادیب و شاعر کی پہچان قائم کرتا ہے۔ مگر بجائے خود شخصیت نہیں ہوتا کیونکہ ایک شخصیت کے کئی اسالیب ہو سکتے ہیں۔ جس طرح انسانی شخصیت ارتقاء پذیر ہوتی ہے۔ اسلوب بھی ارتقاء پذیر ہوتا ہے۔ لہٰذا کسی ایک مرحلے پر کسی شخصیت کی تعمیر و تشکیل میں اس کا موروثی کردار، بول چال، رہن سہن، حرکات و سکنات اور اس کی نیت کا دخل ہوتا ہے۔ اسی طرح اسلوب کو قائم کرنے میں فنکار کا تخیل لفظیات، موضوعات کا انتخاب اور ان کو برتنے کا سلیقہ Treatment اہم رول ادا کرتا ہے۔"

کیٹس اور اقبال کے اسلوب کا تقابلی مطالعہ کرتے ہوئے رؤف خیر نے حسب ذیل نکات پیش کئے ہیں۔

"جس طرح کیٹس نے اپنی ابتدائی شعری زندگی میں روایتی اسلوب کو اختیار کیا جو

اس صدی میں مروج تھا اسی طرح اقبال نے بھی اپنی شعری زندگی کا آغاز اسی روایتی اسلوب سے کیا جو اس زمانے میں مانوس تھا۔اقبال نے ابتداً وہی روش اختیار کی تھی جس کی اس زمانہ کی ادبی فضا متحمل تھی۔"

"کیٹس کے پاس لاطینی الفاظ کا استعمال بہت کم ہوتا ہے۔جب کہ اقبال کی اُردو بہت مفرس و معرب ہوا کرتی ہے۔۔۔ بعض مخصوص اصطلاحیں لاطینی زبان کی استعمال کی جائیں تو مختصر ترین الفاظ میں جامع ومانع نقط نظر پیش کرنے میں سہولت ہوتی ہے۔اقبال نے اُردو کی مشکل ترین (مفرس معرب) صورت اپنا کر اپنی بات آسانی سے پہنچانی چاہی اور جن مذہبی علائم کا استعمال، اقبال بار بار کرتے ہیں ان کے لئے فارسی و عربی فضا کی تشکیل ضروری ہے۔کیٹس چونکہ رومانی شاعر ہیں اس لئے اسے لاطینی الفاظ یا عبرانی اصطلاحات کی ضرورت پیش نہیں آتی۔۔۔

"کیٹس کہتا ہے۔I Looked upon fine phrases like a lover اس معاملہ میں اقبال کیٹس کے ہم خیال ہی نہیں بلکہ اس سے بہت آگے نکل جاتے ہیں۔کیٹس اور شیلی کے محاکات کے بالمقابل اقبال کا کلام آسانی سے رکھ جا سکتا ہے۔محاکات سے تو اقبال کا کلام بھرا پڑا ہے۔Keats شدت تاثر کا قائل ہے۔وہ اپنی بات کو خوب سے خوب تر انداز میں پیش کرتا ہے۔کیٹس کے ہاں Open and Close vowels کا بالالتزام استعمال پایا جاتا ہے اور Inter play of vowels کی وجہ سے کیٹس کی شاعری میں حسن پیدا ہوتا ہے جو اس کے اسلوب کی خاص پہچان بھی ہے۔اقبال کے پاس بھی Long vowels (طویل مصوتے) بہت استعمال ہوئے ہیں۔"

"کیٹس کے اسلوب کی ایک خاص شناخت یہ بھی ہے کہ وہ محدود بحروں کا شاعر نہیں بلکہ مختلف اور متنوع بحروں کا استعمال کیٹس کی شاعری کو یکسانیت کا شکار ہونے سے

بچاتا ہے۔ کیٹس جہاں خوبصورت الفاظ اور Phrases کا رسیا ہے وہ بار بار آہنگ بدل کر Metrical Variation کے ذریعہ اپنے قارئین پر اثر انداز ہوتا ہے۔ اسی طرح اقبال کے کلام میں بھی بحروں کا تنوع بہت ہے کیٹس اور اقبال کے اسلوب میں Metrical Variation مشترک ہے۔" وہ لفظوں کے ٹکرے بڑی خوبی سے استعمال کرتا ہے اقبال البتہ بعض تراکیب کو مخصوص اصطلاحات کا درجہ دے دیتے ہیں یہی اقبال کا خاص اسلوب بھی ہے۔"

"Keats کے یہاں اکثر مصرے Verbs سے شروع ہوتے ہیں اقبال کے بعض مصرعوں میں Verbs کا استعمال ہی نہیں ہوتا۔

"مضمون بچوں کا اقبال" میں اقبال کی چند نظمیں جو بچوں کے لئے لکھی گئی تھیں اُن کے مغربی ماخذ پر روشنی ڈالی گئی ہے۔ اس کی علاوہ طبع زاد نظموں پر بھی اظہار خیال کیا ہے اور اُردو میں آنے کے بعد اُنہوں نے جو مشرقی رنگ اختیار کیا اُس پر بھی اظہار خیال کیا گیا ہے۔ رؤف خیرؔ نے اقبال کی نظمیں بچے کی دُعا، ایک مکڑی اور مکھی، ایک پہاڑ اور گلہری، ہمدردی، ایک گائے اور بکری، ماں کا خواب، پرندے کی فریاد، طفل شیر خوار، ترانہ ہندی، نیا شوالہ وغیرہ پر روشنی ڈالی ہے۔ رؤف خیرؔ نے لکھا ہے کہ اقبال نئی نسل میں اعلیٰ صفات پیدا کرنا چاہتے تھے اور انہیں زمانے کے نرم و گرم سے واقف بھی کروانا چاہتے تھے۔ اس کے علاوہ اقبال نے بچوں کو صبر و جمیل کی تلقین، دینا کی بے ثباتی، دانائی و فراست، غلامی سے تنفر، آزادی سے لگاؤ اور انسانیت کا درس دیا۔

مضمون "لفظیات فیض" میں فیض کی لفظیات پر روشنی ڈالی ہے وہ کہتے ہیں:

"گل، گلچیں، صیاد، قفس، جیسے بے روح الفاظ فیض کی مسیحا نفسی سے لو دینے لگتے ہیں۔"

"فیض نے پرانے موضوعات اور پرانی لفظیات کو نئی زندگی دی بلکہ وہ نیا لہجہ بھی دیا جو سکہ رواں کی طرح ہاتھوں ہاتھ چلا"

رؤف خیرؔ نے فیض کے کلام سے بہت سی مثالیں بھی پیش کی ہیں۔

مضمون "جوش کی انقلابی شاعری" میں رؤف خیرؔ نے بتایا کہ جوش نے زندگی کو جامد کر دینے والی رسومات، خرافات اور تخیلات کو ختم کرنے کی سعی کی تھی جوش نے آزادی کی لڑائی میں دامے، درمے وسخنے حصہ لیا۔ کھلم کھلا انگریزوں کے خلاف لکھا۔ وہ مزدوروں اور کاشتکاروں کے ہمدرد تھے۔ انہیں قوم کی بے حسی کا دُکھ تھا۔ رؤف خیرؔ نے جوش کی حق گوئی وبے باکی کی ستائش کی ہے۔

مضمون "فراق گرم سخن ہے" میں رؤف خیرؔ نے بتایا کہ مشرق ومغرب کے ادب پر فراق کی گہری نظر تھی۔ اُن کا جمالیاتی نقطہ نظر مادی نوعیت کا تھا۔ اُن کا عشق زمینی تھا اور ان کا محبوب گوشت پوست کا انسان تھا۔ انہوں نے فراق کی غزل، رباعیات اور تنقید پر بھی اجمالاً روشنی ڈالی ہے۔

حسرت موہانی کی یاد میں منائے جانے والے ایک جلسے میں رؤف خیرؔ کو ایک مضمون سنانے کی دعوت دی گئی۔ انہوں نے مضمون "حسرت آنکھ اور ادراک کے آئینے میں" پیش کیا۔ اس مضمون میں انہوں نے بتایا کہ حسرت نے عشق کے علاوہ عصری مسائل کو اپنی غزل میں برتا ہے۔ مکالموں پر مشتمل اس دلچسپ مضمون کو بہت سراہا گیا۔ عثمانیہ یونیورسٹی حیدرآباد سے شائع ہونے والی کتاب "حیدرآباد اور بیرونی شعرا" میں بھی یہ شامل ہے۔

"اک سخن اور ۔۔۔" حیدرآباد کے مشہور شاعر، مترجم، نقاد، صحافی، مضطر مجاز کا دوسرا شعری مجموعہ ہے۔ جس پر رؤف خیرؔ نے اسی عنوان سے ایک تبصرہ کیا ہے۔ انہوں

نے اس مجموعہ کلام کی تحسین پیش کرتے ہوئے حسب ذیل آرا کا اظہار کیا ہے۔ مضطر صاحب نظم و نثر پر یکساں دسترس رکھتے ہیں۔

غالب و اقبال کے فارسی کلام کا ترجمہ کوئی آسان مرحلہ نہیں مگر مضطر صاحب اس سے آسانی کے ساتھ گزرتے ہیں۔ اس سے ان کی علمیت، روایت سے کماحقہ آگہی، جدیدیت سے قلبی لگاؤ اور اک خاص طنزیہ نقطہ نظر کا اظہار ہوتا ہے۔ یہ غزل سے زیادہ اینٹی غزل کے آدمی ہیں۔ بقول خیر:

"قافیہ و ردیف پر ان کی گرفت، جدید طرز سخن کے ساتھ اقبال کی بازگشت بھی سنائی دیتی ہے۔ یہی حال نعت کا ہے، قوسین، کونین، عین، ذوالنورین جیسے قوافی میں نعت کہنا مضطر صاحب ہی کا حق ہے۔"

"مضطر صاحب کا نمایاں وصف ان کا طنزیہ لہجہ ہے یہ طنز دل نہیں دکھاتا بلکہ لمحہ فکر عطا کرتا ہے۔ ان کے طنز کا نشانہ اپنے پرائے سبھی ہوتے ہیں۔ یہ بے باکی سفاکانہ نہیں بلکہ مخلصانہ ہوتی ہے۔"

"مضطر صاحب کی طنز نگاری میں دراصل کئی سیاسی و سماجی مسائل پر چوٹ ہے۔ اپنے آپ پر طنز کرنا بڑے ظرف کی بات ہے۔ مضطر صاحب اپنے حوالے سے اک دردناک کیفیت کا اظہار کرتے ہیں۔"

اس کے بعد پورا مضمون روحی قادری کی شاعری پر ناقدانہ روشنی ڈالی گئی ہے۔ دو اقتباس پیش ہیں۔

"روحی صاحب الفاظ برتنے کا سلیقہ جانتے ہیں ان کے لہجے میں بلا کی خود اعتمادی بھی ہے۔"

"انہوں نے اساتذہ کی زمینوں میں بھی گل کھلانے کی کامیاب کوشش کی

ہے۔خاص طور پر میرؔ و غالبؔ کے کوچوں میں جناب روحی کے قدم بہت سنبھل کے پڑھتے ہیں۔"

مضمون "ملک الشعراء اوج یعقوبی" میں رؤف خیر نے اوج یعقوبی سے اپنے ملاقاتوں کو ذکر کیا پھر انہوں نے اُن کی شخصیت پر روشنی ڈالی اور اُن کے چند شعری مجموعوں پر اظہار خیال بھی کیا وہ لکھتے ہیں:

"اوج صاحب زندگی کی اعلیٰ قدروں کے ترجمان تھے انہوں نے قلم سے روٹی پیدا ضرور کی مگر قلم کو کبھی گندگی میں گرنے نہیں دیا۔۔"

مضمون "پچھلے موسم کا پھول" میں مظہر امام کے فن سے متعلق رؤف خیرؔ لکھتے ہیں

:

"مظہر امام کے پاس روایت کا احترام، ترقی پسندی کے بے باکی اور جدیدیت کی خود آگہی کے ساتھ ساتھ آزادی فکر کی وہ جولانی ہے جو ایک خوشگوار تاثر کی بنیاد بنتی ہے۔"

آزاد غزل اور آزاد نظم کے تعلق سے رؤف خیرؔ کہتے ہیں:

آزاد غزل دراصل سہل پسندی کی علامت ہے اور اس سے ناشاعروں کی حمایت بھی ہوتی ہے۔ آزاد نظم کی طرح اس کے مقبول ہونے کے امکانات بھی موہوم ہیں کیونکہ شاعری توازن سے عبارت ہے اور توازن سے ہم آہنگی بلکہ خوش آہنگی پیدا ہوتی ہے جو غزل کی آبرو ہے اگر سنجیدگی سے غور کیا جائے تو آزاد نظم ہی اب تک اپنا صحیح مقام نہیں بنا سکی۔۔۔"رؤف خیر آزاد غزل کے سخت مخالف ہیں۔انہوں نے کہا کہ آزاد غزل گویا پولیو کا شکار بچہ ہے جو زمین پر کھسک کھسک کر چلتا ہے۔

مضمون "رضیہ سجاد ظہیر کے نام" کی ابتداء میں رؤف خیرؔ نے وضاحت کرتے ہوئے لکھا ہے۔

یہ مضمون بجائے خود ایک طویل خط ہے جو فرضی طور پر بنے بھائی سجاد ظہیر کی طرف سے ''نقوش زندان'' کو سامنے رکھ کر لکھا گیا ہے اس میں صرف وہی الفاظ بنے بھائی کے ہیں جو ان کے خطوط کے حوالوں میں

آئے ہیں۔باقی تمام خط ناچیز کے دماغ کی پیداوار ہے۔'' رؤف خیرؔ کا یہ مضمون بڑا ہی دلچسپ ہے۔

مضمون ''مبصر کلام حیدری'' میں رؤف خیرؔ نے کلام حیدری کے تبصروں کی خوبیاں بیان کی ہیں وہ لکھتے ہیں۔''کلام حیدری کے تبصروں میں جو کڑوی سچائیاں ہیں وہ مزہ دیتی ہیں لہجے کی یہ کاٹ کلام حیدری کی خود اعتمادی کی غماز ہے۔''

مضمون ''ڈپٹی نذیر احمد خاں اور حیدرآباد'' میں رؤف خیرؔ نے نذیر احمد کے خیال میں حیدرآباد اور ان کی قدر و منزلت اور یہاں کی مصروفیات اور سرکاری ذمہ داریوں کے بارے میں تفصیلات دی ہیں اور حوالے بھی پیش کئے ہیں۔

مضمون ''جدید شاعری میں علامت نگاری'' میں رؤف خیرؔ نے ابتداء میں محاورہ، تشبیہ، استعارہ، تلمیح، پر روشنی ڈالی ہے۔پھر علامت نگاری پر تفصیل سے اظہار خیال کیا ہے۔انہوں نے افتخار، جالب، محمد علوی، فانی، ظفر اقبال، زبیر رضوی، بانی، وزیر آغا، ن۔م راشد، عزیز قیسی، نجیب رامش، مضطر مجاز، بشیر نواز، شہریار، عذرا ساگر، ساقی فاروقی، شاذ تمکنت کے کلام سے مثالیں بھی پیش کی ہیں۔

مضمون ''آگہی ناآگہی'' میں رؤف خیرؔ نے ادب برائے ادب کی اہمیت سے انکار کیا اور ادب برائے زندگی کی حمایت کی۔ساتھ ساتھ انہوں نے زبان اور فن کی اہمیت کو بھی اُجاگر کیا وہ رقمطراز ہیں۔

''ادب تو ہمیشہ زندگی کی کوکھ سے جنم لیتا رہا ہے وہ لوگ جو ادب برائے ادب کی

بات کرتے ہیں صرف دھوکے میں ہیں دھوکے دے نہیں سکتے۔ صرف زبان و بیان کے چٹخارے یا ذات کا برہنہ اظہار ادب نہیں ہے۔ ادب تو جذبات و احساسات کی تہذیب کا نام ہے۔ آس پاس سے اٹھائے ہوئے موضوعات کو تمام فنی رچاؤ کے ساتھ پیش کیا جائے تو ادب، ادب ٹھہرتا ہے ورنہ اس سے بڑی بے ادبی قلم کی کیا ہو سکتی ہے کہ آدمی مصوتوں اور مصمتوں میں الجھ کر رہ جائے۔ جہد و جہاد ادب میں بھی ضروری ہے۔۔۔ اگر وقت سے آنکھ ملانے کا یارانہ ہو تو وقت انہیں طشت میں سجا کر زندگی پیش نہیں کرتا بلکہ کئے ہوئے سر پیش کرتا ہے۔"

"بہتر سماج کے خواب دیکھنے والا ہی بہتر ادب پیش کر سکتا ہے۔ بشرطیکہ وہ بنیادی طور پر ادیب ہو۔۔۔ یہ کام وہی کر سکتا ہے جو زبان و فن پر دسترس رکھتا ہو۔۔۔"،

"فنی رچاؤ کے ساتھ ادبی اقدار کی پاس داری کرتے ہوئے سماجی اقدار پیش کی جائیں۔ استعارہ علامت ہی سے ادب میں حسن پیدا ہوتا ہے۔ سماجی اقدار بھی اگر حسین استعاروں اور دلچسپ علامتوں میں پیش کی جائیں تو شاعروں کی زندگی اور بڑھاتی ہیں۔"

اس مجموعہ کا آخری مضمون "ملفوظات و مواعظ" ادب کے آئینے میں (ڈپٹی نذیر احمد کے خطوط کے حوالے سے) جو (سولہ: ١٦) صفحات پر مشتمل ہے رؤف خیرؔ نے نذیر احمد کے مختلف خطوط کے موضوعات، نصیحتیں اُن کے اپنے تجربوں اور مشاہدوں کا ذکر کیا اور سیر حاصل بحث کی ہے۔

"خورشید احمد جامی فن اور شخصیت" میں انہوں نے جامی کی شاعری پر تنقیدی روشنی ڈالی ہے۔ وہ رقم طراز ہیں۔ "انھوں نے سیدھی سادی ردیفوں اور عام قوافی میں ایسے ایسے نادر اور اچھوتے خیال کو دل لبھانے والے انداز میں باندھا ہے کہ یہ سب چیزیں ان کا اسلوب ان کی پہچان بن گئیں۔" جامی غیر مرئی چیزوں کو بھی مرئی انداز میں

پیش کیا کرتے تھے۔ جامی کی مخصوص لفظیات تھیں جن کی وجہ سے جامی پہچانے جاتے تھے جیسے دیوار، صلیب، صبح، شام، حیات، صحرا، فصیل، اندھیرا، اُجالا، سورج، ریت، تنہائی دھوپ، چھاؤں، زیر گردش ایام وغیرہ۔ جامی صاحب یوں ہی تجرد کی زندگی گزار دی لیکن کسی کے ہجر کا کرب وہ زندگی بھر جھیلتے رہے۔ ان کے اشعار میں جس درد نے دُنیا آباد کر رکھی ہے وہ جامی کا اسلوب ان کا شناس نامہ ہے۔"

مضمون " حیدرآبادی خواتین اور اُردو تحقیق و تنقید" میں رؤف خیرؔ نے حیدرآباد کی خواتین محققین و نقاد کا ذکر کیا اور اُن کے کارناموں کی تفصیلات پیش کیں جن خاتون محققوں اور نقادوں کا ذکر کیا گیا اُن میں سیدہ جعفر، ڈاکٹر زینت ساجدہ، ڈاکٹر اشرف رفیع، ڈاکٹر رفیعہ سلطانہ، ثمینہ شوکت، حبیب ضیاء، لئیق صلاح، ڈاکٹر سلمہ بلگرامی، قرۃ العین حیدر، ڈاکٹر اطہر سلطانہ، نسرین، صابرہ سعید اور ڈاکٹر عطیہ رحمانی کے نام شامل ہیں۔

مضمون "اُردو ماہیے کے تین مصرع" میں موجود دور میں کہے جانے والے ماہیوں کی ترتیب کے بارے میں رؤف خیرؔ لکھتے ہیں۔

"ان دنوں جو ماہیے کہے جا رہے ہیں ان کی ترتیب کچھ یوں ہے، مفعول مفاعیلن، فاع مفاعیلن، مفعول مفاعیلن یعنی پہلا اور تیسرا مصرع ہم قافیہ و ہم ردیف اور مفعول و مفاعیلن کے وزن پر ہوتا ہے۔ مگر درمیانی مصرع قدرے چھوٹا (فاع مفاعیلن کے وزن پر) ہوتا ہے۔ ہر چند کے دوسرے مصرع کی ناہمواری کی وجہ سے وجدان کو جھٹکا سا لگتا ہے۔ لیکن یہی آہنگ ماہیے کی پہچان بھی ہے ورنہ وہ ثلاثی ہو کر رہ جاتا۔"

"جس طرح ہائیکو پانچ سات پانچ مصوتوں Syllables اور پہلے اور تیسرے مصرعوں کے ہم قافیہ و ہم ردیف ہونے سے عبارت ہے اسی طرح ماہیے بھی مفعول مفاعیلن / مفعول مفاعیلن کے مخصوص وزن پر ہی مزہ دیتا ہے۔ یہ مخصوص آہنگ ہی

ماہیے کی پہچان ہے۔"

انھوں نے مختلف ماہیہ نگاروں کا ذکر کیا جن میں مناظر عاشق ہر گانوی، حیدر قریشی، عارف فرہاد، امین خیال، نذیر فتح پوری، شاہد جمیل، ڈاکٹر طاہر رزاقی، فراغ روہوی، یوسف اختر، سعید شباب، انور مینائی، یونس احمر، ضمیر اظہر، دیپک قمر، حمایت علی شاعر، عمر اقبال، عمر ساحری، شامل ہیں۔ انھوں نے ماہیوں کے مجموعوں کے نام اور کچھ مثالیں بھی پیش کیں ہیں۔

مضمون "برف رتوں کی آگ کا شاعر" میں کشمیر کے شاعر حکیم منظور (پیدائش: ۱۹۳۷ء) کی شخصیت اور شاعری سے متعلق ہے۔ انھوں نے حکیم منظور کے شعری مجموعوں اور اسلوب کا بڑے دلچسپ انداز میں ذکر کیا۔ غزلوں اور خصوصیت کے ساتھ اُن کی نظموں پر اجمالاً روشنی ڈالی۔ اُن کی شخصیت اور فن کے تعلق سے رؤف خیر لکھتے ہیں۔

"حکیم منظور کی نظر بلند، ہاتھ کشادہ پاوں جولا گاہ طلب اور دل وسیع ہے۔ نئی نئی زمینیں دریافت کرنا ان کی خوش مذاقی کا اشاریہ ہے۔ ان کی یہ خوش مذاقی برفیلے علاقے میں گرم پانی کے چشمے ہی کی طرح مزہ دیتی ہے۔ حکیم منظور کی نظم ان کی غزل پر حاوی ہے۔ میری رائے میں ان کی اصل پہچان ان کی نظم ہی سے قائم ہوتی ہے۔" وہ "اشنائے شعری" کے اس قبیلے سے تعلق رکھتے ہیں جو ادب میں جہاں بدعت حسنہ وہ بدعت سئیہ کے مزے لوٹتا ہے وہیں بنیاد پرستی اور کلیشے پر تبرا بھی بھیجتا ہے۔ یہ ابولآفاق وسبط سخن واقعی وہ صاحب "خبر و نظر" ہے جس کی امامت پر ایمان نہ لانا قاتلانِ حرف و معنی کے ہاتھ مضبوط کرنا ہے"

مضمون "خواجہ میر درد۔ فن اور شخصیت" میں رؤف خیرؔ نے خواجہ میر دو کی

شاعری میں صوفیانہ عناصر کی نشاندہی کی ہے اور اُن کے اشعار کے تاثر کی ستائش کی ہے۔ وہ کہتے ہیں " درد اردو شاعری کا وہ پورا شاعر ہے جسے آدھا کہنا ایک جھوٹ لگتا ہے۔

ان کے بیشتر اشعار ضرب المثل ہو گئے ہیں۔ جیسے:

"تر دامنی پر شیخ ہماری نہ جائیو
دامن نچوڑ دیں تو فرشتے وضو کریں"

"ارض و سما کہاں تری وسعت کو پا سکے
میرا ہی دل ہے وہ کہ جہاں تو سما سکے"

"خواجہ میر درد دوسروں کے تجربات و مشاہدات کو اپنے الفاظ میں نہیں ڈھالتے تھے بلکہ اپنے احساسات اور جذبات کو ایسی زبان دے دیتے تھے کہ سامنے والا اسے اپنے ہی دل کی پکار سمجھ بیٹھتا تھا۔ درد کے ہاں نہ الفاظ کی گھن گرج ہے نہ قصیدہ و ہجو کے جھگڑے ہیں نہ مثنویوں میں عشق و انانیت کے مظاہرے ہیں نہ کسی سے معاصرانہ چشمکیں ہیں۔ درد کی یہی سادہ گوئی، یہی خاکساری انہیں سرخرو ٹھہراتی ہے۔ میر درد نے فارسی میں بھی قابل لحاظ شعری سرمایہ چھوڑا ہے مگر غالب ہی کی طرح درد کو شہرت صرف ان کے اُردو کلام کے مختصر سے انتخاب ہی سے ملی۔"

مضمون " سلیمان اریب" میں رؤف خیر نے ترقی پسند شاعر سلیمان اریب کی سوانح و شخصیت کا اجمالاً ذکر ہے۔ اُس کے بعد انہوں نے اریب کے شعری مجموعوں کا ذکر کیا۔ نظموں کا تعارف پیش کیا، غزلوں پر تبصرہ کیا اور اسلوب پر روشنی ڈالی، سلیمان اریب کی شخصیت اور فن سے متعلق رؤف خیر لکھتے ہیں:

"سلیمان اریب کی مقبولیت کے کئی اسباب تھے۔ وہ ماہنامہ "صبا" جیسے رسالے کے مالک کل و مدیر اعلیٰ تھے جس نے مختلف موضوعات پر مباحث چھیڑ کر ادب میں گرما گرمی

پیدا کر رکھی تھی۔ سوال و جواب اور جواب الجواب سے ادیبوں اور شاعروں میں زندگی کی گہما گہمی آئی ہوئی تھی۔ سلیمان اریب بظاہر غیر جانب دارانہ رویہ اپنا کر ہر قسم کی رائے چھاپ کر بحث و مباحثے کے مزے لیتے اور لینے دیتے۔"

"سلیمان اریب منفرد لہجے کے شاعر تھے۔" "سنجیدگی و غیر سنجیدگی کا امتزاج تھے۔"

"صرف پینتالیس بہاریں ہی دیکھ سکے۔ جس میں ان کے مزاج کے لا اُبالی پن کا کافی دخل رہا ہے۔"

مضمون "اقبال کے اسلوب کا ارتقاء" کی ابتداء میں رؤف خیرؔ نے اسلوب کے تعلق سے حسب ذیل خیالات کا اظہار کیا ہے۔

"اسلوب بجائے خود شخصیت نہیں ہوتا کیونکہ ایک شخصیت کے کئی اسالیب ہو سکتے ہیں۔ شخصیت ہو کہ اسلوب ارتقاء پذیر ہوتا ہے لہٰذا کسی ایک مرحلے پر کسی شخصیت کی شناخت ممکن نہیں تاوقتیکہ تمام ارتقائی مراحل کا جائزہ نہ لیا جائے۔"

"جس طرح ذہنی ارتقاء ہوتا ہے اسی طرح اسلوبی ارتقاء بھی ہوتا ہے۔" "جس طرح انسانی شخصیت موروثی کردار، بول چال، رہن سہن، حرکات و سکنات اور فکری سطح سے عبارت ہے اسی طرح کسی فنکار کے اسلوب کے تعین میں اس کا تخیل، انتخاب موضوع، لفظیات اور رویہ Treatment ممد و معاون ثابت ہوتا ہے۔

انہوں نے اقبال کی نظموں، رباعیوں، حمد و نعت میں اُن کے اسلوب کا جائزہ لیا ہے۔ اقبال کی عظمت کے تعلق سے بھی انہوں نے اپنے خیالات کا اظہار کیا ہے۔ وہ لکھتے ہیں۔ "یہ وہی شاعر ہے جس نے خودی، بے خودی، کتاب، جبرئیل، ابلیس، عشق، جنوں خرد، عقل وغیرہ الفاظ کو کتابی سطح سے اٹھا کر فکر کے اس آسمان پر روشن کر دیا جن سے

زمین پر چلنے والوں کو اندھیری راتوں میں بھی راستے کے تعین میں سہولت ہو جاتی ہے۔"

مضمون "دکن کا انمول رتن۔ شاذ تمکنت" کے ابتداء میں رؤف خیرؔ نے شعر و ادب میں فن کی اولیت پر اظہار خیال کرتے ہوئے لکھتے ہیں۔

"شعر و ادب میں لفظ اور اس کا تخلیقی استعمال بہر حال اہم ہوتا ہے۔ یہ الگ بات ہے کہ حالیؔ تا حال موضوع اور مقصدیت کی اہمیت پر زور دیا جاتا ہے۔ شعر و ادب کو بہر صورت پروپگنڈہ بننے سے بچانا چاہیے ورنہ ادب اور صحافت میں فرق کرنا مشکل ہو جائے گا۔"

شاذ کی شاعری کا تنقیدی جائزہ لیتے ہوئے کلام کے فنی محاسن کے ستائش کی گئی ہے۔ ذیل کے اقتباسات ملاحظہ ہوں۔" ہر شخص شاذ کو پسند کرتا تھا اور ان کے چاہنے والوں میں خود شاذ بھی شامل تھے۔

"شاذ کی پوری فکر ٹھیٹ رومانی رہی ہے۔ ان کے ہاں شعر کی بنیادی شرط عشق و معاملاتِ عشق کا اظہار ہے۔""شاذ تمکنت شعر میں شعریت ہی کے قائل تھے۔ ان کی نظمیں اور غزلیں ان کے رومانی لہجے کا شناس نامہ ہیں۔""خوب صورت الفاظ کا بڑے سلیقے سے استعمال خوش آہنگی کی دُنیا آباد کرتا ہے۔ قاری و سامع ان ہی شاعرانہ اظہار میں کھو بھی جاتا ہے۔"شاذ تمکنت کسی تحریک سے وابستہ نہیں تھے۔ وہ ترقی پسندوں، ارباب ذوق اور جدیدیوں سب سے تعلقات استوار رکھنا چاہتے تھے۔ محدود حلقے میں خود کو اسیر رکھنا نہیں چاہتے تھے۔ وہ غزل کی روایت کا پاس رکھتے تھے۔ زبان و بیان کا پورا خیال رکھتے تھے۔ پابند، معریٰ آزاد نظمیں اسی سلیقے سے کہا کرتے تھے۔ نظمیں طویل ہوتیں جو پیاز کی پرت در پرت کی طرح کھلتی ہی جاتی ہیں اور جن میں بین السطور کے بجائے حسن سطور پر زیادہ توجہ دی گئی۔ شاذ کا حافظہ بہت اچھا تھا۔ اساتذہ اور ہم عصر شعراء کے بے

شمار انہیں یاد تھے۔ شاذ تمکنت نظم کے بجائے اپنی غزلوں سے پہچانے گئے ان کے اشعار زیادہ تر مترنم بحروں میں ہوا کرتے تھے۔ شعر سنانے کا انداز اس قدر دل کش تھا کہ اس پر ہزار ترنم قربان۔

مضمون ''راجہ رام موہن رائے'' میں راجہ رام موہن کی ولادت، والدین، تعلیم، اُردو، فارسی، عربی، سنسکرت اور انگریزی زبانیں سیکھنے کا ذکر عصری اُردو اور سائنس سے دلچسپی، تصانیف، تراجم، اینگلو ہندو اسکول سوری پورہ کلکتہ کا قیام، ویدانت کالج کا قیام، اُن کی بھابی کا ستی ہونے کا واقعہ، ستی کے خلاف اُن کا احتجاج، برہموں سماج اور افکار و خیالات اور وفات وغیرہ کا ذکر کیا ہے۔ برہمو سماج کے بارے میں رؤف خیر کہتے ہیں۔

راجہ رام موہن رائے نے ''برہمو سماج'' کا نعرہ دیا جس کے شرائط کی رو سے یہ ایک ایسا سماج ہے جہاں تمام انسان اس ایک قادر مطلق کی ہستی کی عبادت کے لئے جمع ہوتے ہیں جو اس پوری کائنات کا خالق اور قائم رکھنے والا ہے اور جس کی نمائندگی کسی بت، کسی تصویر (پینٹنگ) کسی مجسمے، کسی فرد یا جماعت سے ممکن نہیں وہ اکیلا ہے اس کا کوئی نائب نہیں اور اس برہمو سماج میں کسی بھی جاندار کو زندگی سے محروم نہیں کیا جاسکتا اور نہ ایسے گیت یا نعرے لگائے جاسکتے ہیں جو کسی کی دل آزاری اور دل شکنی کا سبب بنتے ہوں۔''

''خیر، خیرات، اخلاقیات، نیکی و پارسائی اور شفقت و نوازش کی بنیاد پر تمام انسانوں کو قریب کرنے کا نام برہمو سماج ہے۔ ''برہمو سماج'' کی بنیادی شرائط الہ واحد کی پرستش میں تمام انسانوں کو متحد کرنا ہے۔ وہ روح کی روحانیت اور ایک ہستی کے وجود کے قائل اور مبلغ تھے۔''

مضمون ''ٹیگور۔ ناقدری سے قدردانی تک'' میں ٹیگور کی سوانح، شخصیت، اعزازات، تصانیف، فنون لطیفہ، سے اُن کا لگاؤ جیسے موضوعات پر تفصیلات پیش کی گئی

ہیں۔ چند اقتباسات ملاحظہ ہوں۔

''بچپن ہی سے سادہ لباسی و سادہ خوراکی نے ٹیگور کے دل و دماغ کو انانیت کے آب و روغن سے دور رکھا حالانکہ رابندر ناتھ ٹیگور ایک اعلیٰ متمول بنگالی خاندان کے چشم و چراغ تھے۔ لفظ، ٹھاکر، بنگالیوں کی زبان میں ایسے ہی ''ٹیگور، ہو گا جیسا کہ 'شیخ، کثرتِ استعمال سے 'سیٹھ، ہو گیا۔''یہی کم علم لڑکا ایک یونیورسٹی (وشوابھارتی) کا بانی ٹھہرا۔ اس یونیورسٹی کے بقا کے لئے پیسہ اکٹھا کرنے کے لئے اپنے پورے ٹروپ اور آرکسٹرا کے ساتھ وہ مختلف علاقوں کا دورہ کرتا پھرتا تھا۔ اسی سلسلے میں جب وہ حیدر آباد پہنچا تو عثمانیہ یونیورسٹی نے اسے ''ڈاکٹر آف لٹریچر'' کی اعزازی ڈگری سے نوازا۔'''' ۱۹۴۵ء میں آکسفورڈ یونیورسٹی نے بھی ''ڈاکٹر ان لٹریچر کی اعزازی ڈگری دینے کے لئے ٹیگور کو انگلستان بلایا تھا۔ مگر اپنی بیماری کے سبب جب وہ وہاں جانے سے معذوری ظاہر کی۔ ٹیگور نے سنسکرت میں تقریر کی تھی۔''''ٹیگور نے ۱۹۱۰ء میں ''گیتانجلی'' مکمل کی۔ ۱۴/ نومبر ۱۹۱۳ء کو انہیں ان کے اس شاہکار ادبی کارنامے پر نوبل پرائز کا حقدار قرار دیا گیا۔'' یہ پہلا نوبل انعام تھا جو کسی مشرقی اور خاص طور پر ہندوستانی ادیب کے حصے میں آیا۔ حکومت نے اس کے دو سال بعد ٹیگور کو ادب میں ، سر، کے خطاب سے بھی سرفراز کیا۔ کلکتہ سے تقریباً نوے میل دور بول پور میں ایک وسیع اراضی خرید کر ٹیگور کے والد مہارشی دیو بندر ناتھ ٹیگور نے اپنے لئے ایک مندر بنایا تھا۔ ان کے اس کنج عافیت میں رابندر ناتھ ٹیگور نے صرف پانچ بچوں سے شانتی نکتین کی بنیاد ڈالی۔ ان پانچ بچوں میں دو بچے خود ٹیگور ہی کے تھے۔ یہ شانتی نکیتن ٹیگور کی شب و روز کی دیوانہ وار جدوجہد کی وجہ سے دشوابھارتی یونیورسٹی میں تبدیل ہو کر رہا۔ ٹیگور تعلیم گاہوں کو سیاسی اکھاڑے بنانے کے حق میں کبھی نہیں رہے۔ طلبہ کے ذہنوں کو سیاست کے زہر سے پاک رکھنے ہی

میں وہ یقین رکھتے تھے۔ وہ خود بھی سیاست کی آلودگی سے دامن بچاتے رہے وہ ایک خوشگوار زندگی کے خواہاں ضرور تھے لیکن خون خرابے اور نسلی منافرت کے قائل نہ تھے۔ ٹیگور بھی رہبانیت کو انسان کے حق میں سم قاتل سمجھتے تھے۔"

'سر' کا خطاب واپس کر دینے والا یہ عظیم شاعر انسانی حرکات پر دُکھی بھی تو ہوتا تھا۔ اٹلی کے مسولینی سے ٹیگور نے ملاقات کی تھی مگر مسولینی کی فاشزم کی تائید کرنے کی دعوت ٹھکرادی تھی۔ انہوں نے "ہندوستان کی قدیم تہذیب" پر شکاگو یونیورسٹی میں کئی لکچر دیئے تھے۔"

"شاعری، مصوری، موسیقی سے ان کا دلی ربط ان کی راہوں کا تعین کرتا ہے۔ ٹیگور نے جہاں بے شمار گیت لکھے وہیں ان گیتوں کی مسحور کن دھنیں بھی خود انہوں نے ہی ترتیب دیں۔ ٹیگور نے ان گنت ڈرامے بھی لکھے۔ ان کی منتخب کہانیوں کا مجموعہ، اکیس کہانیاں، کے نام سے ساہتیہ اکاڈیمی نے ۱۹۶۲ء میں چھاپا۔ ان کہانیوں کے تراجم کئی زبانوں میں ہوئے ہیں۔ ان کی حیرت ناک اور دلچسپ ترین تصنیف "چترالیسی" ہے۔ فکشن کے ساتھ ساتھ ٹیگور نے ادبی مضامین لکھ کر بھی اپنی پہچان قائم کی۔

ساہتیہ پات، یاتراپوت اور خود شانتی نکیتن" کے نام سے ان کی مشہور تقاریر کو صفحہ، قرطاس پر محفوظ کر لیا گیا ہے۔ بھانو سنہہ پتر ابالی، شیر چیتی ان کے خطوط کے مجموعہ ہیں۔ ٹیگور کی "ایک سو ایک نظموں" کا رگھوپتی سہائے فراق گورکھپوری نے اُردو میں ترجمہ کیا۔"

"گیتانجلی کے علاوہ ٹیگور کی شہرت ان کے گیت "جن گن من ادھی نایک جیا ہے" سے ہوئی جو ٹیگور نے اپنی پچاسویں سالگرہ کے جشن کے موقع پر لکھا تھا گا کر سنایا تھا۔"

مضمون "مصلح الدین سعدی صوفی بے خانقاہ، قلندرِ بے کلاہ" میں رؤف خیرؔ نے

سعدی صاحب سے اپنی پہلی ملاقات کا ذکر کیا۔ سعدی صاحب کی سوانح پر روشنی ڈالی اور بتایا کہ پروفیسر گیان چند جین سعدی صاحب کی علمی و ادبی استعداد کے معترف تھے۔ رؤف خیر نے اپنے پہلے شعری مجموعے ''اقراء'' کی رسم اجرائی کے موقع پر سعدی صاحب کے تبصرے کا حوالہ دیا اور اُن کی حوصلہ افزائی کا اعتراف کیا۔ رؤف خیر نے شمالی ہند کے کئی ارباب نظر کا ذکر کیا جو سعدی صاحب کی قابلیت کے قائل تھے۔ رؤف خیرؔ نے سعدی صاحب کی قلندرانہ مزاج، صوفیانہ روش اور وسیع القلبی پر بھی روشنی ڈالی۔ رؤف خیرؔ نے سعدی صاحب کی فارسی دانی کی ستائش کی اور اُن لوگوں کا بھی ذکر کیا جو سعدی صاحب کے فارسی دانی کے معترف تھے۔ رؤف خیرؔ نے اس بات کا تفصیل سے ذکر کیا کہ سعدی صاحب ماہر اقبالیات میں شامل تھے۔ انہوں نے سعدی صاحب کی تقاریر کی خوبیوں پر بھی روشنی ڈالی۔ سعدی صاحب کے تصانیف کا بھی انہوں نے ذکر کیا۔ مضمون کے آخر میں رؤف خیرؔ نے سعدی صاحب سے اپنی عقیدت کا اظہار بڑے جذباتی انداز میں کیا۔ چند اقتباسات پیش ہیں۔

''مشائخ گھرانے کے مشہور مقبول مرشد مولانا معزالدین ملتانی قادری کے گھر پیدا ہونے والے مصلح الدین سعدی پیری مریدی سے بھلے ہی کوسوں دور رہے ہوں شعر و ادب اور اقبالیات میں جیسے کئی پیاسے اُن کے ہاتھ پر بیعت کر کے چشمہ صافی سے سیر اب ہوتے تھے۔ شمالی ہند کے کئی قابل ارباب نظر حیدرآباد آتے تو سعدی بھائی سے مل کر حیران ہو جائے۔ مولانا عبدالرحمن پرواز اصلاحی مالک رام گیان چند جین، مجاور حسین رضوی، ظ۔ انصاری جیسے اساتذہ بھی سعدی بھائی کی ہمہ دانی کے قائل تھے۔ ڈاکٹر ظ۔ انصاری تو حیدرآباد میں ہوتے تو سعدی بھائی کے بغیر تنہائی محسوس کرتے۔ مجھے خوشی ہے کہ سعدی بھائی جیسے نابغہ روزگار کے ساتھ مجھے وقت گزارنے کا موقع ملا تھا۔ وہ قلندر

مزاج تھے اور ایسی صوفیانہ روش پر کاربن تھے کہ ہر ملک کا آدمی ان سے خوش رہتا۔ ان کے حلقہ بگوشوں میں مہدوی بھی تھے، شیعہ بھی بریلوی عقائد کے حامل بھی اور جماعت اسلامی و تبلیغی جماعت کے ماننے والے بھی حتی کہ کئی اہل حدیث ان کے دوستوں میں تھے میں تو خیر ان کا مرید تھا۔ سعدی بھائی اتحاد بین المسالک کے نام پر مصلحت سے کام لینے کے مبلغ تھے۔ شدت پسندی کو ہر حال میں بُرا جانتے تھے۔ مجھے سعدی بھائی سے جو عقیدت رہی ہے وہ ان کی ادبیت کی وجہ سے تھی۔ مذہب کے معاملے میں ان سے میری گفتگو کم ہی ہوتی تھی۔ علامہ اقبال کی تمام شاعری پر سعدی صاحب کی نظر تھی وہ چاہے اُردو کلیات ہو کہ فارسی کلیات، اقبال کی ایک ایک نظم بلکہ ایک ایک شعر پر سعدی بھائی کی نظر تھی وہ سچے معنوں میں اقبال کے عاشق تھے۔ اقبال کے منشا و معنی تک پہنچنے میں انہیں ید طولیٰ حاصل تھا۔ وہ بہت اچھی فارسی جانتے تھے۔ پروفیسر سید سراج الدین جیسے قابل اُستاد نے یہ اعتراف کیا ہے کہ جب کبھی اقبال کے کسی فارسی شعر کے سمجھنے میں انہیں دشواری محسوس ہوتی تو وہ سعدی بھائی کو فون کر کے ان کا مطلب معلوم کرتے تب کہیں ان کی تسکین ہوتی۔ (یہ بات پروفیسر سراج الدین نے سعدی صاحب کے تعزیتی جلسے میں اقبال اکاڈمی میں کہی تھی)

انہوں نے کہا ”تراجم پر سعدی بھائی کی داد میرا حوصلہ بڑھاتی رہی۔ اسی زمانے میں انگریزی کی ادیبہ و شاعرہ کملا داس نے اسلام قبول کر کے کملا ثریا کے نام سے ایک نظم ”یا اللہ“ لکھی تھی جو تقریباً انگریزی اخبار و رسالے میں شائع ہوئی۔ سعدی بھائی نے مجھ سے فرمایا کہ میں اس کا منظوم اُردو ترجمہ اُردو ترجمہ کر ڈالوں میں نے ان کے حکم کی تعمیل میں اس کا منظم اُردو ترجمہ کر ڈالا تھا۔ انہیں میرا ترجمہ اس قدر پسند آیا کہ انہوں نے اسی وقت اسے اپنے گھر کے کمپیوٹر انگریزی متن کے ساتھ کمپوز کروایا۔ میں نے جب یہ اُردو

ترجمہ انگریزی متن کے ساتھ "انقلاب" ممبئی کو بھیجا تو اس نے عید رمضان کے خاص نمبر میں شائع کر دیا اور پھر وہ ترجمہ پاکستان امریکہ اور ہندوستان کے بے شمار اخبارات و رسائل میں ڈائجسٹ ہوتا رہا۔ سعدی بھائی کی جدائی دراصل میرا ذاتی نقصان ہے۔ میں اپنے سرپرست سے محروم ہو گیا۔ سعدی صاحب کی ایک تقریر کئی کتابوں کا نچوڑ ہوا کرتی تھی۔ علمی متانت کا یہ حال ہوتا تھا کہ گویا ایک کتاب ہے کہ ورق ورق کھلتی چلی جا رہی ہے۔ سعدی صاحب نے بعض اہم علمی شاہکاروں کی تدوین و ترتیب کا کام بھی انجام دیا ہے۔ جیسے مجدد الف ثانی رحمۃ اللہ کے مکتوبات ربانی اور شاہ اسمٰعیل شہید رحمۃ اللہ کی تصوف پر مبنی کتاب "عبقات" کی تدوین اور اشاعت شامل ہیں۔" رؤف خیر نے مزید کہا: جہاں تک ادب کا معاملہ ہے سعدی صاحب نے کوئی کتاب بھلے ہی نہ چھوڑی ہو۔ میں ان کی کتاب ہوں انہوں نے بھلے ہی پیری مریدی کا سلسلہ نہ چلایا ہو میں مرید سعدی ہوں جس نے اکی رہنمائی میں اقبال شناسی کے بعض مقامات و طواسین کی سیر کی۔"

رؤف خیرؔ ایک اُبھرتے ہوئے نقاد ہیں۔ اس میدان میں ان کے وقیع کام ہیں۔ اپنی تنقید کے بارے میں رؤف خیرؔ نے بتایا۔

"ہر فنکار کے اندر ایک مبصر، ایک نقاد بھی سانس لیتا ہے۔ میرے اندر کا نقاد قدم قدم پر میری اپنی کوتاہیوں کی نشاندہی کرتا رہتا ہے۔ دوسروں کو ٹھوکر کھا کر گرتا ہوا دیکھ کر میں سنبھل جاتا ہوں۔ مطالعہ، خاص طور پر تنقیدی کتب کا مطالعہ میرا مددگار ثابت ہوتا رہتا ہے۔ ابتداء ہی سے میں زبان و بیان اور تنقید میں دلچسپی لیتا رہا ہوں۔ نیاز فتح پوری کی "انتقادیات"، "سیماب کی اصلاحیں" اور مختلف رسائل میں نقد و نظر کا حصہ اور تبصرہ میں سب سے پہلے پڑھتا ہوں۔ عطا صاحب کی "غلطی ہائے مضامین، ہو کہ قاضی عبدالودود کی تحقیق مجھے بہت پسند آتی رہی۔ بہر حال مطالعہ میرے اندر روشنی بھرتا

ہے۔

مروجہ ''تنقید'' اک بہت بڑی ذمہ داری ہے۔ میں اپنے آپ کو اس کا اہل نہیں سمجھتا۔ البتہ کسی ادیب یا شاعر کے فکر و فن کے بارے میں جو کچھ میرے تاثرات ہوتے ہیں انہیں میں اپنی سیدھی سادی زبان میں لیکن دلائل و براہین کے ساتھ پیش کر کے قاری کو اپنا اہم خیال بنانے کی کوشش کرتا ہوں۔ اپنے تنقیدی مضامین کے مجموعہ ''خطِ خیر'' میں میں نے خشک تنقید کے بجائے انشائیہ جیسا اسلوب اختیار کیا ہے۔''

اپنے تنقیدی تحریروں کے بارے میں رؤف خیرؔ لکھتے ہیں۔

''اپنی گفتگو مدلل پیش کرنی پڑتی ہے۔ فطری طور پر بھی افکار و اعمال کی قرآن و سنت سے دلیل لانی پڑتی ہے اور دلیل مانگنے کا مزاج بھی رہا۔ یہی رویہ اپنا تنقیدی تحریروں میں بھی میں نے برتا۔ اپنے مضامین اور مختلف کتب پر تبصرہ کرتے ہوئے یہی دلائل و براہین کا رویہ اختیار کرتا رہا۔ زبان و بیان کا پورا پورا خیال رکھنے کی حتی المقدور پوری پوری کوشش کرتا ہوں۔''

رؤف خیرؔ کے مضامین میں زبان و بیان کی حوبی، تشبیہات، علامات، تلمیحات، محاورے، ضرب المثال، مقولے، عمدہ تراکیب ملتے ہیں۔ اُن کے مضامین جامع ہوتے ہیں۔ وہ اپنے خیالات پیش کرتے ہیں اور نتائج بھی اخذ کرتے ہیں۔ اُن کے مضامین معلوماتی ہوتے ہیں۔ مثالوں سے اپنے نقطۂ نظر کی وضاحت کرتے ہیں انہوں نے کئی تنقیدی مضامین رقم کئے ہیں اور یہ سلسلہ جاری و ساری ہے۔

***